ENRICO ACERBI

LA FANTERIA FRANCESE DALLA RIVOLUZIONE ALL'IMPERO
Tomo 1

SOLDIERS&WEAPONS 035

SOLDIERSHOP PUBLISHING

THE AUTHOR

Enrico Acerbi nasce a Valdagno (Vicenza) il 13.8.1952; laureato in medicina, immunoematologo e specializzato in tossicologia medica, ha lavorato nell'ospedale locale, ora in pensione. Partner del Museo della Guerra di Rovereto, membro dell'Associazione Napoleonica d'Italia e storiografo della Grande Guerra. Enrico Acerbi ha sviluppato la passione per la ricerca storica sin dagli anni '90. Per cinque anni ha collaborato con il Center for Great War Studies di Asiago. Ha anche collaborato con la Comunità Montana di Arsiero come insegnante presso l'università popolare (corsi di formazione storica sulla prima guerra mondiale) e con la Comunità montana di Agno-Chiampo (ricostruzione delle fortificazioni fatte durante la Grande Guerra). Partner del Museo della guerra di Rovereto e membro fondatore del Gruppo di ricerca storica sulla Grande Guerra di Valdagno, attualmente impegnato nello studio della storia napoleonica in Veneto e in Italia. Illustratore grafico di articoli sulla storia napoleonica. Ha al suo attivo diverse pubblicazioni storiche per varie case editrici. Questo è il suo nono lavoro fatto per Soldiershop.

NOTE EDITORIALI

Tutto il contenuto dei nostri libri, in qualsiasi forma prodotti (cartacei, elettronici o altro) quando non diversamente specificato è copyright soldiershop.com. I diritti di traduzione, riproduzione, memorizzazione con qualsiasi mezzo, digitale, fotografico, fotocopie ecc. Sono riservati per tutti i Paesi. Nessuna delle immagini presenti nei nostri libri può essere riprodotta senza il permesso scritto di soldiershop.com. L'Editore rimane a disposizione degli eventuali aventi diritto per tutte le fonti iconografiche dubbie o non identificate. I marchi Soldiershop Publishing, Bookmoon, Museum s e relative collane sono di proprietà di soldiershop.com o Luca Cristini Editore; di conseguenza qualsiasi uso esterno non è consentito.

PUBLISHING'S NOTES

None of unpublished images or text of our book may be reproduced in any format without the expressed written permission of Soldiershop.com when not indicate as marked with license creative commons 3.0 or 4.0. Soldiershop Publishing has made every reasonable effort to locate, contact and acknowledge rights holders and to correctly apply terms and conditions to Content. In the event that any Content infringes your rights or the rights of any third parties, or Content is not properly identified or acknowledged we would like to hear from you so we may make any necessary alterations. In this event contact: info@soldiershop.com. Our trademark: Soldiershop Publishing @, The names of our series & brand: Museum book, Bookmoon, Soldiers&Weapons, Battlefield, War in colour, Historical Biographies, Darwin's view, Fabula, Altrastoria, Italia Storica Ebook, Witness To History, Soldiers, Weapons & Uniforms, Storia etc. are herein @ by Soldiershop.com.

LICENSES COMMONS

This book may utilize part of material marked with license creative commons 3.0 or 4.0 (CC BY 4.0), (CC BY-ND 4.0), (CC BY-SA 4.0) or (CC0 1.0). Or derived from publication 70 years old or more and recolored from us. We give appropriate attribution credit and indicate if change were made in the acknowledgements field.
All our books utilize only fonts licensed under the SIL Open Font License or other free use license.

ISBN: 978-88-93276320   1ª edizione Settembre 2020

S&W-035 - La fanteria francese dalla Rivoluzione all'Impero - Tomo 1 di Enrico Acerbi
Editor: Luca Cristini Editore, for the brand: Soldiershop. Cover & Art Design: Luca S. Cristini.

PREFAZIONE

La fanteria francese dalla Rivoluzione all'Impero. Nel ventennio, che si definisce comunemente periodo napoleonico, non furono le sgargianti divise della cavalleria francese a fare la differenza sui campi di battaglia d'Europa. Fu, senza dubbio, la fanteria ad interpretare le gioie dei valori rivoluzionari (lo spirito dei volontari, la democrazia elettorale nei gradi, la gioia della vittoria) ed anche i dolori che ne conseguirono (la coscrizione obbligatoria, le marce forzate, le malattie e le menomazioni, ed infine, la sconfitta di Waterloo). Senza aver la pretesa di essere un'opera esaustiva, il libro sintetizza tutti i principali passaggi riguardanti le unità di fanteria francesi dal 1792 al 1815 e ne celebra alcune curiosità, non sempre conosciute.

Enrico Acerbi

SOMMARIO :

La fanteria di Francia nella Rivoluzione e l'Impero .... Pag. 05
Les *blancs* ovvero l'esercito reale .... Pag. 05
La Patrie en danger .... Pag. 10
Prima evoluzione della fanteria francese napoleonica .... Pag. 14
La riforma del 1793 .... Pag. 17
L'esercito repubblicano di Francia - 1ª amalgama .... Pag. 22
Demi-brigade coloniali, volontarie e provvisorie .... Pag. 26
La fanteria leggera .... Pag. 29
La guardia durante la repubblica .... Pag. 30
L'esercito repubblicano di Francia 1796-1799 - 2ª amalgama .... Pag. 37
La fanteria leggera .... Pag. 57
La Demi Brigade nel 1799 .... Pag. 62
La fanteria di linea nel 1799 .... Pag. 64
La crisi alle frontiere .... Pag. 65
Note .... Pag. 69

▲ *Vive la liberté 1792 by Job*

LA FANTERIA DI FRANCIA NELLA RIVOLUZIONE E L'IMPERO

Il periodo convulso della rivoluzione vide diversi interventi del potere politico sulle istituzioni militari, interventi che devono essere letti alla luce di almeno quattro costanti:
-La volontà dei nuovi governanti di segnare uno stacco sempre più visibile delle nuove istituzioni rispetto al passato regio.
-La gravità dei pericoli che la Francia doveva affrontare, sia a causa dei nemici esterni che di quelli interni, consistenti questi ultimi nelle rivolte realiste scoppiate in diverse regioni della nazione.
-L'istituzione della leva in massa e il riconoscimento/obbligo di ogni cittadino di difendere la neonata Repubblica.
-La crescente influenza dell'apparato politico sul quello militare.

Le prime riforme vennero approvate **dall'Assemblea nazionale nel 1789** quando abolì le punizioni corporali e la necessità di provare le proprie nobili origini per poter diventare ufficiale. Per il resto, ci si limitò ad aumentare la forza dei vecchi battaglioni regi da **cinque ad otto compagnie** e conferire un numero ad ogni reggimento e battaglioni al fine di sostituire i loro nomi tradizionali che ricordavano ancora il vecchio potere monarchico.

Fra 1789 e 1790, tuttavia, assistiamo allo **sfaldamento dell'esercito**: a Metz, Caen, Lille, Nancy e nelle province meridionali si verificano larghi ammutinamenti, le diserzioni si contano a centinaia, gli ufficiali vengono malmenati, uccisi o allontanati dalle proprie unità, si saccheggiano i fondi reggimentali; la disciplina è sempre più in ricordo e si vedono gli stessi gradi come una forma di tirannia, tanto che **l'Assemblea decreta l'elezione dei caporali e sergenti**. A questo atto che denota il crescente potere politico dei nuovi organi rivoluzionari anche sulle istituzioni di Antico Regime, si aggiunge un provvedimento di estrema importanza: al fine di evitare che tutto l'apparato militare rimanga nelle mani degli uomini del re, **si permette alle singole municipalità di reclutare locali unità di combattimento** che confluiranno nella "**Guardia Nazionale**" – a capo della quale viene posto l'eroe dell'indipendenza americana **Lafayette** – nelle unità di "federati" e nelle "legioni". Fatto importante, nessuna di queste nuove unità è comandata da nobili.

LES BLANCS OVVERO L'ESERCITO REALE

Dalla rivoluzione all'impero i reggimenti di linea della fanteria francese subirono diverse riorganizzazioni per rispondere sostanzialmente ad esigenze tattiche e soprattutto alla necessità di integrare un numero sempre crescente di nuovo personale.
L'esercito ereditato dalla Repubblica era composto da **79 reggimenti nazionali e 23 esteri di 2 battaglioni**. Ogni battaglione era a sua volta su **5 compagnie di circa 120 uomini ciascuna**: nel primo battaglione una delle compagnie era di **granatieri** mentre nel secondo era di **cacciatori**.
Le Istruzioni che regolamentavano l'esercito erano le seguenti:
Ordinanze reali del 17 marzo 1788: Ordinanza concernente la costituzione, formazione ed il salario della Fanteria francese. - Ordinanza concernente l'addestramento e paga della fanteria tedesca, irlandese e vallona (Liegi). - Ordinanza regolamentare per la formazione e la paga di dodici battaglioni di fanteria leggera. - Ordinanza concernente la costituzione di un battaglione di fanteria leggera, sotto il nome dei cacciatori del Rossiglione. - Ordinanza che regola l'addestramento e il soldo della cavalleria. - Ordinanza concernente l'addestramento e il soldo del corpo dei Carabinieri di Monsieur. - Ordinanza che regola l'addestramento e il soldo dei reggimenti di Ussari. - Ordinanza che regola l'addestramento

▲ *Les Blancs.. Porta stendardo reggimento Bassigny e granatiere reggimento Aunis nel 1789.*

e il soldo dei reggimenti di Dragoni - Tre ordinanze recanti una riforma dei reggimenti Royal-Italian, Royal-Corse e Corps de Mont-Réal, e ricostituzione di questi corpi in battaglioni di fanteria leggera. – Due ordinanze per la riforma dei reggimenti di cavalleria di Nassau-Saarbruck, Evêchés, Franche-Comté, Septimanie, Quercy e la Marche, con loro incorporazione in reggimenti di ussari e chasseurs. – Ordinanza che sopprime la carica di Mastro di Campo in Seconda per tutti i reggimenti e sua sostituzione con il grado di maggiore in Seconda. – Ordinanza che sopprime nella fanteria tutti i Capitani e Sottotenenti detti di Rimpiazzo, oltre agli ufficiali aggregati o al seguito della citata fanteria. – Ordinanza che sopprime il Deposito Reclute situato all'Isola di Ré. – Ordinanza che sopprime la Scuola Trombettieri situata a Strasburgo.

Questi i reggimenti reali francesi nel 1789

N	Reggimento	Sede	N	Reggimento	Sede
1	Colonel Général de l'Infanterie Française et Etrangère				Lille
2	Picardie	Metz	53	La Fere	Phalzbourg
3	Piémont	Neuf Brisach	54	Alsace	Strasbourg
4	Provence	St. Omer	55	Royal Roussillon	Rochefort
5	Navarre	Rouen	56	Condé	Lille
6	Armagnac	Lille	57	Bourbon	Havre
7	Champagne	Bordeaux	58	Beauvaisis	Weissembourg
8	Austrasie	Grenoble	59	Rouergue	Poitiers
9	Normandie	Brest	60	Bourgogne	Huningue
10	Neustrie	Landau	61	Royal-la-Marine	Vienne
11	La Marine	Belfort (Beffort)	62	Vermandois	Perpignan
12	Auxerrois	Mezieres	63	Salm-Salm	Metz
13	Bourbonnois	Metz	64	Corps Royal de l'Artillerie	
14	Forès	Saint-Servant	65	Ernest	Corsica
15	Béarn	Havre et Dieppe	66	Salis-Samade, Suisse	Arras
16	Agénois	île d'Oléron	67	Sonnenberg, Suisse	Grenoble
17	Auvergne	Quesnoy	68	Castella, Suisse	Sarrelouis
18	Royal Auvergne	Calais	69	Languedoc	Montauban
19	Flandre	Douai	70	Beauce	Brest
20	Cambrésis	Bayonne et Dax	71	Vigier, Suisse	Toul
21	Guyenne	Nismes	72	Médoc	Béziers
22	Viennois	Dunkerque	73	Vivarais	Béthune
23	Du Roi	Nancy	74	Vexin	Marseille
24	Royal	Strasbourg	75	Royal-Comtois	Blois
25	Brie	Thionville	76	Beaujolois	Dunkerque
26	Poitou	Poitiers	77	Monsieur	Metz
27	Bresse	Montpellier	78	Lullin de Chateauvieux	Nancy
28	Lyonnais	Aix	79	La Marck	Schelestat
29	Maine	Bastia, Corsica	80	Penthièvre	Dinan
30	Dauphin	Maubeuge	81	Boulonnois	Cambrai
31	Perche	Isle de Ré	82	Angoumois	Bayonne
32	Aunis	Aire	83	Conti	Calais
33	Bassigny	Port Louis et l'Orient	84	Saintonge	Verdun
34	Touraine	Perpignan	85	Foix	Sédan
35	Duc d'Angoulême	Cambray	86	Rohan	Nantes
36	Aquitaine	Longwy	87	Diesbach	Arras
37	Anjou	Tours	88	De Courten	Sarrelouis
38	Maréchal de Turenne	Valognes	89	Dillon	Calais Gravelines
39	Dauphiné	Toulon	90	Berwick	Boulogne

▲ *Esercito francese, ufficiale svizzero 1790. Tavola di Charlet 1789.*

▲ *Granatiere del reggimento "Colonel-General del 1790. Tavola di Job*

40	Isle de France	Constance	91	Royal-Suédois	Valenciennes
41	Soissonnais	Uzès	92	Chartres	Avesnes
42	La Reine	Cherbourg	93	Barrois	Toulon
43	Limosin	Corsica	94	Walsh	Ile-de-France
44	Royal Vaisseaux	St. Omer	95	Enghien	Besançon
45	Orléans	Valenciennes	96	Royal Hesse-Darmstadt	Strasbourg
46	La Couronne	Lille	97	Troupes provinciales	
47	Bretagne	Thionville	98	Salis	Corsica
48	Lorraine	Bayeux	99	Nassau	Metz
49	Artois	Rennes	100	Steiner, Suisse	Grenoble
50	Vintimille	Douai	101	Bouillon	Condé
51	Hainault	Montmédy	102	Royal Deux-Ponts	Neuf-Brisach
52	La Sarre	la Rochelle	103	Reinach	Givet
			104	Royal-Liégeois	Givet

Régiments suisses		Régiments irlandais	
Régiments allemands		Régiment liégeois	

LA PATRIE EN DANGER

Le Leve - All'esercito regolare si era aggiunta la **Guardia Nazionale** ed una pittoresca pletora di unità volontarie, di "**legioni**", di altre unità estemporanee, e gli uomini delle leve del 1791 (l'unica vera leva di volontari, in massima parte borghesi, che si rivelarono ottimi combattenti), del 1792 (la famosa leva della "**Patrie en danger**"), della" leva dei 300.000" del febbraio del 1793 e infine della "levée en masse" del 23 agosto 1793.

Si iniziò a mettere ordine in questo dedalo già dal gennaio 1791, innanzitutto con un tipico provvedimento "rivoluzionario", ovvero cancellando i nomi dei reggimenti, retaggio della monarchia.

Il primo vero problema, però, era l'omogeneizzazione delle varie componenti, diverse non solo per origine, addestramento e motivazione, ma anche per le paghe che ricevevano: un fuciliere della Guardia Nazionale, ad esempio, era pagato il doppio di un militare regolare.

Si viene così a creare uno strumento che si oppone al vecchio esercito monarchico, creando una sorta di dualismo che verrà risolto solo nel corso del 1794-95. Ma per il momento, l'urgenza è quella di trovare nuovi soldati. Nell'estate del 1791 l'Assemblea Nazionale decreta una leva di 101.000 volontari: di questi, 25.000 sono destinati alla **marina, che è praticamente collassata** sotto i colpi delle diserzioni; i rimanenti 76.000 uomini andranno invece a formare 169 battaglioni, che dovranno eleggere i loro ufficiali e granatieri. Ogni dipartimento deve fornire quattro battaglioni, ma deve essere il singolo soldato a provvedere all'uniforme e all'equipaggiamento. Quelli troppo poveri per provvedere a queste spese, anche considerevoli, vengono aiutati da amici o da fondi raccolti dalle loro comunità, ma il risultato finale fu quello di vedere un'armata eterogenea e improvvisata: un cappello, una giacca blu, pantaloni, scarpe o zoccoli, sacchi fatti in casa e cinture. **I veterani e gli ufficiali poterono tuttavia conservare lo loro vecchie uniformi bianche**. L'arruolamento procedette, tuttavia, assai lentamente tanto che per la fine dell'anno vennero formati solo 83 nuovi battaglioni e solo parzialmente equipaggiati ed addestrati, anche se pervasi da una carica ideale forte.

Questo è l'esercito che affronterà i primi scontri contro gli eserciti dei sovrani europei all'alba del fatidico 20 aprile 1792. Nulla di cui stupirsi, dunque, se le sconfitte si susseguirono le une alle altre e se un'armata congiunta austro-prussiana, sotto il comando del Duca Ferdinando di Brunswick arrivò a minacciare la stessa Parigi.

▲ *La Patrie en danger 1792. Tavola di Charlet*

Per parare questo pericolo imminente, che metteva in crisi il processo rivoluzionario, l'Assemblea dichiarò la **"Patria in pericolo"** e richiamò al servizio attivo tutta la Guardia Nazionale, reclutò 42 nuovi battaglioni di fanteria, abbassò l'età di leva dai canonici 18 anni a 16 e promise ricompense ai nemici che avessero disertato. È in questo contesto di gravissima crisi che si compiva la triste parabola della monarchia francese, che, come abbiamo visto, si conclude il 20 agosto con l'assalto alle Tuileries, alla quale presero parte 20.000 federati, prima parte di quei volontari chiamati alle armi che entro pochi mesi salirono alla fantastica cifra di 600.000, anche se "solo" 450.000 poterono essere armati.

▲ *Province e dipartimenti francesi nel 1792.*

Si formarono anche diverse "**legioni**" e **corpi franchi**, reclutati da comunità o da individui "di buona volontà" e che ebbero i nomi più fantasiosi: "Ussari della morte", "Compagnia dei giovani artisti", "Cacciatori dell'Equità" etc. La qualità di queste reclute, tuttavia, non era pari a quella dei loro predecessori del 1791: sotto lo stimolo della propaganda, tendevano infatti ad essere fanatici, indisciplinati e non proprio affidabili in combattimento, senza contare che praticamente tutti erano privi di esperienza bellica. Sia **Lafayette** che il suo successore **Dumouriez** formarono le loro brigate di fanteria utilizzando un battaglione di regolari e due di volontari, sperando di poter sfruttare la solidità e la professionalità dei primi con l'entusiasmo dei secondi. Sul momento, tuttavia, più che i pregi, si emulavano i difetti: i primi divennero meno solidi e nei secondi sfumò l'entusiasmo iniziale. Anche le relazioni erano difficili e tese e come a sottolineare questa divisione i regolari indossavano ancora la divisa bianca, i volontari quella blu.

*Fortunatamente, il 1792 si conclude con la vittoria di Kellerman a **Valmy** contro i prussiani e poco dopo, il 6 novembre, di Dumouriez a **Jemappes**, in Belgio, contro gli austriaci. L'inverno fra 1792 e 1793 vide tuttavia l'esercito ridursi drasticamente a causa della convinzione di molti soldati di aver ormai vinto la guerra e perché molti di essi erano stati arruolati solo una campagna. A ciò si aggiunga che il completo collasso della logistica e dei sistemi di rifornimento, ridusse l'armata in condizioni deprecabili, obbligando di fatti i francesi a depredare, saccheggiare il Belgio, col risultato di inimicarsi la popolazione.*

Il 1793 si apriva con la dichiarazione di guerra francese ad Inghilterra e Olanda (1 febbraio), cui seguì il ritorno degli austriaci nel Belgio e la sconfitta di Dumouriez che, dopo aver tentato un accordo col nemico, pensò bene di cambiare campo e disertare nelle file austriache. Questo **tradimento** non poté non scuotere gli animi: al grido di "tradimento" la stragrande maggioranza degli ufficiali nobili vennero allontanati dall'esercito.

▲ *Granatiere Francese reggimento de Flanders nel 1791, tavola di Charlet*

PRIMA EVOLUZIONE DELLA FANTERIA FRANCESE

L'esercito del 1792, era solo un assemblaggio di corpi provvisorio, di elementi eterogenei, presentava organizzazione e amministrazione irregolari cui era importante porre fine il più rapidamente possibile, se si voleva evitare le tempeste che, dappertutto, minacciavano la nuova repubblica.

La fanteria in totale aveva 98 vecchi Reggimenti di Linea a due battaglioni, Circa 112000 uomini; 519 Battaglioni di Volontari = 290000 u. ; 14 Battaglioni di chasseurs = 8000 u.; fanteria delle Legioni e Corpi Franchi = 30000 u.; Compagnie Dipartimentali = 6000 uomini.

Tutte le nomenclature patriottiche, le legioni, i dipartimentali si fusero in una nuova organizzazione. La fanteria delle Legioni, i Corpi Franchi e i battaglioni Chasseurs concorsero alla formazione delle Demi-Brigades (equivalenti reggimentali) di fanteria leggera. La cavalleria delle Legioni ed altri corpi provvisori di cavalleria leggera formarono 8 nuovi reggimenti di Chasseurs-à-cheval, o completarono gli Ussari. *"Quest'amalgama è una maniera di semplificare un'amministrazione già molto complicata, e di rendere i legionari utili come desiderano. D'altra parte immettendoli nei reggimenti Chasseurs noi diamo loro un bell'esempio ed un poderoso mezzo d'emulazione."*

Questa riforma fu accompagnata da alcuni cambi nella nomenclatura militare, discretamente importanti.

1° - il nome **Reggimento** che si dava alla riunione di due o più unità tattiche (Battaglioni) cambiò in **Mezza brigata** (Demi-brigade) ma solo in fanteria.

2° - per tale motivo i **Colonnelli** di tutte le armi ebbero il nome di Chef-de-Brigade ed i Tenenti Colonnelli quello di Chef-de-Bataillon o di Chef-d'Escadron in cavalleria.

3° - il Général-de-brigade rimpiazzò il vecchio **Brigadiere**, come funzioni, ed il Maresciallo di Campo per rango e grado;

4° - i **Tenenti Generali** ebbero il nome di Generali di Divisione;

5° - La dignità di **Maresciallo di Francia** fu soppressa, così come i titoli di Maggiore, Maréchal général des logis e altri che nel vecchio regime esprimevano cariche di Stato maggiore generale delle armate o dei corpi.

A quelle dignità e titoli successero, dopo una cera data, i titoli di Général in chef, di Chef d'état major, d'Adjudant général, d'adjoint aux adjudants généraux, e di adjudant-major.

La Leva di Massa

Bisognava riformare l'esercito, un esercito che ora contava non più di 160.000 uomini dei 450.000 sotto le armi fino al novembre 1792. A questo difficile compito si accinse per prima, il 24 febbraio 1793, la Convenzione Nazionale, che decretò la **leva di 300.000 soldati** (24 febbraio) di ulteriori 30.000 per la cavalleria. Il 5 aprile si insediò il **Comitato di Salute Pubblica**, che fin dall'inizio ebbe le idee chiare sulla necessità di eliminare ogni traccia di lealtà regia. Per consolidare l'esercito si decise di fondere regolari, volontari, corpi franchi, federati: così, per iniziare, si crearono le Demi brigade, unità comprendenti un battaglione di regolari e due di volontari e classificati di linea o leggere a seconda della natura dei primi, più sei cannoni da 4 libbre. Tutti gli uomini, poi, dovevano avere le stesse uniformi e la stessa paga e passò il concetto che era preferibile riempire le file dei vecchi battaglioni, piuttosto che crearne di nuovi.

Dal momento, tuttavia, che il numero di volontari era nettamente superiore di quello dei regolari, ben 15 demi-brigade furono create solo con volontari. Le formazioni di **legionari** e i **corpi franchi** vennero sciolte: i fanti confluirono nella fanteria leggera, i cavalieri negli ussari e nei cacciatori a cavallo. Purtroppo, tutti questi apprezzabili interventi vennero largamente disattesi nella pratica e ci volle oltre un anno perché il processo si potesse dire concluso. D'altronde, si trattava di interventi che partivano in uno scenario che vedeva le unità direttamente impegnate sul campo e un Ministero della Guerra in preda alla più grande confusione. Nell'immediato, tuttavia, il problema era trovare i 330.000 volontari:

▲ *Guardia Francese nel 1789, tavola di Charlet*

addirittura, il loro reclutamento divenne ben presto uno scandalo. I dipartimenti, a cui venne demandato il compito di trovare i soldati, fallirono: se ne trovarono solo 150.000 e raschiando la feccia della società; per di più non tutti vennero spediti alle unità sul campo, bensì andarono a formare l'armata rivoluzionaria che combatté contro i ribelli in Vandea e nella Francia occidentale.

Tuttavia la situazione in estate non migliorò e questo spinse prima alcuni dipartimenti, poi, il 23 agosto 1793, il governo centrale a dichiarare la **Levèe en masse**, la coscrizione universale, decreto che così inizia:

"Da questo momento finché i nostri nemici non saranno scacciati dal territorio della Repubblica, tutti i francesi sono permanentemente requisiti per il servizio delle armi".

Non pensiamo tuttavia che tale coscrizione fosse uguale a quella che noi tutti conosciamo, che colpisce indistintamente tutti i cittadini. All'epoca, infatti, già un primo serio problema era quello di sapere esattamente quale fosse l'entità della popolazione: ricordiamo infatti che ancora non esisteva l'anagrafe e che l'unico mezzo era quindi ricorrere ai registri parrocchiali. Tutti gli uomini **dai diciotto ai venticinque anni** di età erano soggetti al servizio militare: all'interno di questa fascia di età, tutti gli uomini erano poi suddivisi **in cinque classi, secondo l'età e lo stato civile**. Non tutti però partivano. Infatti, l'autorità centrale comunicava ai diversi dipartimenti il numero di soldati che questo doveva reclutare, adempimento che veniva eseguito dalle diverse comunità attraverso **il meccanismo del sorteggio**: venivano, cioè, semplicemente estratti da una grande urna i nomi – o più spesso i numeri – di coloro che dovevano partire.

Anche a questo punto, tuttavia, esistevano due modi per evitare il servizio militare: quello di trovare un sostituto e quello di fuggire. Il primo era un espediente del tutto legale che tuttavia, come è facile immaginare, favoriva le persone ricche, che potevano permettersi di pagare una persona affinché accettasse di trascorrere **cinque anni – perché tanto durava il periodo di ferma** – della propria vita sotto le insegne della Repubblica prima e dell'Impero poi. Il secondo, ovviamente, era illegale, ma aveva ugualmente buone probabilità di riuscita, visto che il controllo statale del territorio non era nemmeno comparabile con quello attuale e che, sembrerà una banalità, non esistevano ancora le fotografie né il sistema delle impronte digitali, per cui era piuttosto facile cambiare identità o quantomeno non essere riconosciuti. Come se poi questo non bastasse, l'applicazione del decreto variava da dipartimento a dipartimento. Ad ogni modo la qualità generale delle nuove reclute fu eccellente, dato che vennero arruolati francesi provenienti da tutti gli strati sociali: anche i ricchi non si tirarono indietro, anche perché, ormai in pieno regime di terrore era preferibile combattere in guerra che essere perseguitato dagli agenti di Robespierre e finire i proprio giorni sulla ghigliottina.

A sorvegliare la fedeltà delle truppe, il Ministero della guerra inviò presso **ogni armata almeno tre commissari** del consiglio esecutivo, col compito preciso di curare l'indottrinamento politico dei soldati – attraverso la diffusione di giornali, bollettini e canzoni – e di tenere sott'occhio, attraverso un largo impiego di spie o comunque di persone di fiducia provenienti spesse volte dai club giacobini della località ove era stazionata l'unità ispezionata, quegli ufficiali sospetti o che solo non si mostrassero tiepidi verso i valori della rivoluzione. A dar man forte ai commissari vennero poi i **Rappresentanti del popolo**, ovvero veri e propri politici dai poteri praticamente assoluti e potevano influenzare la stessa condotta bellica dei generali; di positivo vi era però che potevano migliorare l'organizzazione dei rifornimenti e la disciplina dei reparti.

Eguale era il sospetto con il quale si guardavano i generali vittoriosi, per paura dell'ascendente che potevano avere sulle truppe: per questo si distribuivano pubblicazioni che sottolineavano come la lealtà dovesse essere prima di tutto verso il governo centrale, piuttosto che nei confronti del proprio comandante. Fra il maggio 1793 e il giugno 1794 oltre 20 generali verranno ghigliottinati, molti altri verranno arrestati e destituiti dal comando, altri ancora, per paura, rifiuteranno la promozione adducendo a pretesto la giovane età, la scarsa esperienza, la salute malferma o altro. **La fine del Terrore e l'istituzione del Direttorio** non portò a miglioramenti degni di nota dello stato dell'esercito.

sei pezzi da 4 "

Cannonieri

Stato maggiore Demi Brigade

Stato maggiore Btg — **Granatieri** — **Fucilieri**

Stato maggiore Btg — **Fucilieri** — **Granatieri**

Stato maggiore Btg — **Granatieri** — **Fucilieri**

prima amalgama
1793-94

LA RIFORMA DEL 1793

Nel 1793 ci furono 196 demi-brigades di fanteria di linea a tre battaglioni, dei quali uno apparteneva al vecchio esercito (battaglioni bianchi), e due battaglioni di Volontari.

Il battaglione era l'unica di misura della forza = 700 uomini. Aveva 9 compagnie: una di Granatieri e otto di Fucilieri.

I Granatieri avevano solo 62 uomini. I Fucilieri ne avevano 86 (più i tre ufficiali). Ma questi numeri si accrebbero rapidamente man mano che i pericoli si avvicinavano alla frontiera.

Demi – Brigade État-major					
	3 Chef-de-Bataillon	3 Adjudant-Major	2 Quartiermastri Tesorieri		
3 Adjudants sous-officiers	3 Chirurghi	1 Tamburo maggiore	8 Musicanti con Chef	3 Mastri Sarti	
3 Mastri calzolai					

Grado	1° battaglione	2° battaglione	3° battaglione	Ufficiali	Soldati
Capitano	9	9	9	27	
Tenente	9	9	9	27	
Sottotenente	9	9	9	27	
Sergente maggiore	9	9	9		27
Sergente	26	26	26		78
Caporale Furiere	9	9	9		27
Caporali	52	52	52		156
Appuntati	52	52	52		156
Granatieri	48	48	48		144
Fucilieri	536	536	536		1608
Tamburi	18	18	18		54
TOTALE	777	777	777	81	2331
Demi Brigade HQ				10	15
Comp. artiglieri					75
GRAN TOTALE				91	2421

Organizzazione del battaglione			
	1° Batt.	2° Batt.	3° Batt.
Comando	Chef-de-Bataillon	Chef-de-Bataillon	Chef-de-Bataillon
Compagnia Granatieri	1a	2a	3a
Compagnie fucilieri	1a – 4a – 7a – 10a – 13a – 16a – 19a – 22a	2a – 5a – 8a – 11a – 14a – 17a – 20a – 23a	3a – 6a – 9a – 12a – 15a – 18a – 21a – 24a

▲ *Guardia svizzera al servizio Francese nel 1789, tavola di Charlet*

Compagnia Granatieri				
Capitano				
Sergente Maggiore				
Caporale Furiere				
	1a Sezione		2a Sezione	
	Tenente		Sottotenente	
	1° Sergente		2° Sergente	
	1a Squadra	2a Squadra	3a Squadra	4a Squadra
Caporali	1°	2°	3°	4°
Appuntati	1°	2°	3°	4°
Granatieri	12	12	12	12
TOTALI	14	14	14	14

A ciascuna demi-brigade era aggregata una batteria da 6 pezzi da 4 libbre, manovrati da 70 cannonieri volontari, ufficiali esclusi. Questa maniera di disperdere l'artiglieria tra i corpi, copiata ai Tedeschi durante la guerra dei Sette Anni, in pratica non esisteva più di fatto già dalla fine della campagna del 1794. Da quanto appena detto risulta che il totale di una Demi-brigade era originariamente 2437 combattenti e l'intera fanteria francese comprendeva 470652 uomini, con 1276 pezzi da campagna. Inoltre, c'erano trenta Demi-brigades di fanteria leggera della stessa forza con circa 73000 uomini. I granatieri (l'élite) della fanteria leggera erano chiamati Carabinieri. Questa era l'unica differenza tra leggera e fanteria di linea; stesse armi, stessi esercizi e stesso servizio.

In tutti i gradi, tranne quelli di Chef-de-Brigade e caporale, l'avanzamento aveva luogo in due modi; vale a dire un terzo per anzianità di servizio, di pari grado e continuativo, calcolato in tutta la Demi-Brigade; e due terzi a scelta, nel battaglione in cui il posto era vacante.

Il posto di (colonnello) o di Chef-de-Brigade era assegnato per anzianità tra i tre Chefs-de-Bataillon della Demi-brigade, prima al più vecchio in servizio, e poi al più anziano in grado e sempre alternando. I caporali erano scelti, a maggioranza assoluta, da tutti i volontari del battaglione; ma solo dai volontari compagnia dove quel posto era vacante.

Le elezioni alle cariche si facevano nel modo seguente : per nominare uno Chef-de-Bataillon gli elettori erano tutti i membri del battaglione dove il posto era vacante. Per i gradi di capitano, tenente, sottotenente e sergente gli elettori erano solo i membri della compagnia, salvo quelli di pari grado o di grado superiore. I candidati che si presentavano dovevano essere sempre almeno tre e scelti tra i gradi immediatamente inferiori a quello che doveva essere eletto.

Seguiva, poi, una votazione di scrematura, da approvarsi a maggioranza assoluta dei voti, tra gli individui del grado in questione e dello stesso battaglione, che sceglievano, per riempire il posto vacante, quello dei tre candidati, presentati dal corpo, che ritenevano più meritevole. Per lo Chef-de-Bataillon lo scrutinio di scrematura era fatto dallo Chef-de-Brigade assieme agli altri due chef-de-bataillon, scegliendo un nome tra i tenenti.

Il grado di général de brigade era assegnato ad uno chef de brigade, o a quelli che avevano un grado di colonnello in servizio attivo, in questo modo: un terzo per anzianità di servizio a pari grado, e due terzi a scelta del ministro che doveva poi rendere conto, al Corpo legislativo, delle promozioni che aveva fatto. La stessa forma si applicava alle promozioni da generale di brigata a generale di divisione.

I generali in Capo avevano solamente un incarico temporaneo; erano scelti dal Consiglio esecutivo tra i generali di divisione e dovevano essere approvati dall'Assemblea nazionale.

La prima Amalgama

Tra il febbraio 1793 e il gennaio 1794 maturò il provvedimento delle "**Amalgame**": che però non produsse effetti fino alla fine di quell'anno, quando le unità di origine rivoluzionaria erano scese al 10% del totale. Le nuove unità "amalgamate" erano le Demi-Brigade, che riunivano 1 battaglione regolare

affiancato da 2 battaglioni di origine rivoluzionaria, nel cosiddetto **Embrigadement**.
Altre forme di "Amalgame", portavano le nuove compagnie di reclute a riempire i ranghi di qualsiasi formazione ne avesse necessità, nella prospettiva finale di una completa standardizzazione dell'esercito senza più alcuna distinzione tra i singoli soldati.

I tempi della politica erano diversi da quelli della guerra e la Francia repubblicana visse il decisivo momento di **Fleurus**, il 26 giugno 1794, con solo la metà scarsa dei suoi battaglioni -- per l'esattezza 50 su 103 -- riuniti in 17 Demi-Brigade (una delle quali con 2 battaglioni) e gli altri ancora divisi tra Garde Nationale, reggimenti tradizionali, unità volontarie, ecc., composte di un solo battaglione.

Il 12 agosto 1793 l'organico di battaglione venne fissato per legge in 8 compagnie di 67 fucilieri e 1 di 48 granatieri, per un totale complessivo con ufficiali di quartier generale, ufficiali di battaglione, sottufficiali, musicisti, ecc. di 771 uomini per battaglione e 2.421 uomini per Demi- Brigade.

La Demi-brigade (1793-1796)

Unità di fanteria creata dalla legge del 21 febbraio 1793 sull'organizzazione delle Armate. Lo scopo di questa legge era di fondere il vecchio esercito con quello della Guardia Nazionale, o meglio di assorbire il vecchio esercito nella Guardia Nazionale.

Questa legge decise che la fanteria sarebbe fatta da 196 Mezze-brigate (Demi-brigades), ognuna formata da un battaglione dei suddetti (vecchi) reggimenti di linea e da due battaglioni di volontari. (vedi amalgama) e da 14 demi-brigades di fanteria leggera.

Il totale di una demi-brigade tra ufficiali, sottufficiali e soldati (personale non incluso) = 2.437 uomini con sei pezzi di cannone da 4 libbre. Il totale della Fanteria di linea (detta da Battaglia) = 196 demi-brigate, 477.622 uomini, con 1.176 pezzi da campo.

Ogni Divisione doveva essere composta da quattro Demi-brigades.

Questa difficile operazione, contrastata dalle circostanze e da leggi e decreti contraddittori, aveva appena iniziato il suo iter, quando la Convenzione decise, il 19 Nevoso anno II (8 gennaio 1794), che la fusione (amalgama) dei battaglioni di linea con i battaglioni di volontari doveva essere immediatamente realizzata secondo i principi emanati dalla legge del 21 febbraio 1793.

La fanteria doveva quindi essere composta da 198 demi-brigades di fanteria da battaglia e 15 di fanteria leggera. A poco a poco, il numero di demi-brigades da battaglia fu aumentato a 211, e quello delle demi-brigades leggere a 32 (senza contare 15 demi-brigades provvisorie che non avevano numero e quelle che portavano numeri bis). Per ragioni diverse, legate alle difficoltà del momento e ai disordini dell'amministrazione di guerra, non fu mai possibile organizzare un certo numero di queste demi-brigades.

Tutte queste demi-brigades dovevano avere tre battaglioni e includere anche una compagnia di artiglieria.

▲ *Soldati reggimentali e Guardia nazionale di Parigi 1790*

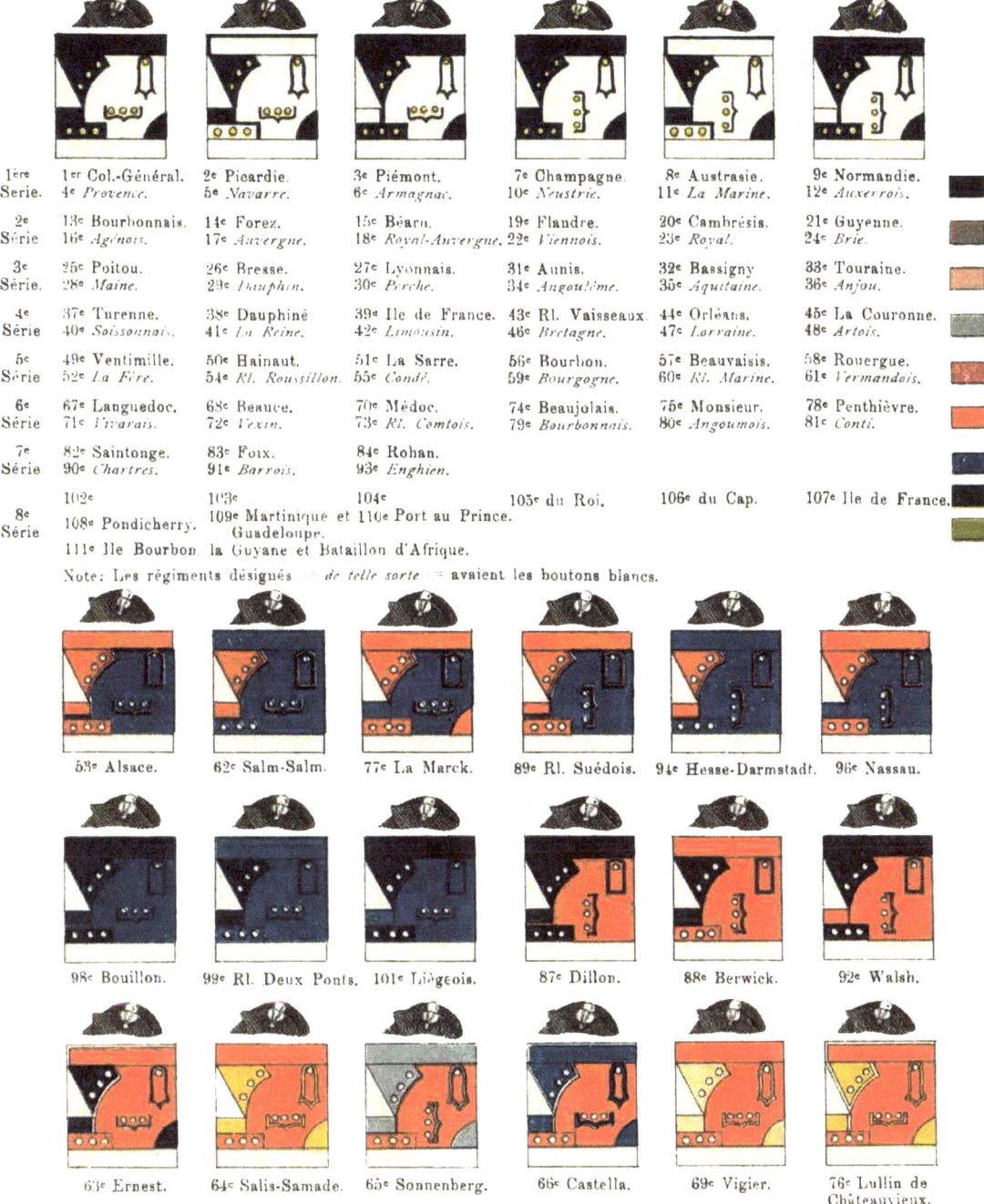

▲ *Schema uniformi della fanteria francese del 1° aprile 1791*

ESERCITO REPUBBLICANO DI FRANCIA - PRIMA AMALGAMA DELLE UNITA IN DEMI-BRIGADES

Demi Brigade	I Battaglione	II Battaglione	III Battaglione
1e DB (Avril, 6, 1794)	1e Bat/1e Rgt Colonel-Général	1e Bataillon de la Butte des Moulins (Paris)	3e Bataillon du Loiret
2e DB (Janvier, 1795)	2e Bat/1e Rgt Colonel-Général	4e Bataillon de la Somme	5e Bataillon de Paris
3e DB (Janvier, 1, 1794)	1e Bat/2e Régiment (Picardie)	5e Bataillon de l'Aisne	5e Bataillon de la Côte D'Or le, 2e, 3e Bat du district du Lille
4e DB (Déc., 27, 1794)	2e Bat/2e Régiment (Picardie)	3e Bataillon de la République	4e Bataillon de la Haute-Saône
5e DB (Juillet, 22, 1794)	1e Bat/3e Régiment (Piedmont)	1e Bataillon du Doubs	4e Bat. de la Seine-Inferieure
6e DB (Juillet, 22, 1794)	2e Bat/3e Régiment (Piedmont)	2e Bataillon de l'Aube	10e Bataillon des Vosges Réquisitionnaires de la Charente
6e Bis Demi-Brigade	13e Bat. de la formation d'Orléans	14e Bataillon de la République (Paris)	24e Bataillon de la Charente
7e Demi-Brigade	Non fu creata		
8e Demi-Brigade	Non fu creata		
9e DB (Déc., 21, 1794)	1e Bat/5e Régiment (Navarre)	3e Bataillon du Nord	2e Bataillon du Finistère
10e DB (Mars, 1795)	2e Bat/5e Régiment (Navarre)	1e Bataillon d'Indre-et-Loire	2e 3e d'Indre-et-Loire
11e Demi-Brigade	Non fu creata		
12e DB (Avril, 21, 1794)	2e Bat/6e Régiment (Armagnac)	9e Bataillon de la Manche	12e Bataillon de la Manche
13e DB (Juni, 19, 1795)	1e Bat/7e Rég. (Champagne)	5e Bataillon de la Gironde	6e Bataillon de la Gironde
14e DB (Juni, 19, 1795)	2e Bat/7e Rég (Champagne)	1e Bataillon du Gard	2e Bataillon du Gard
15e DB Non fu creata	1e Bat/8e Rég (Austrasie)	3e Bataillon de l'Allier. 4e Bataillon d'Indre-et-Loire	1e Bataillon de la Gironde
16e DB (Juni, 20, 1794)	2e Bat/8e Rég (Austrasie)	2e Bat de la Haute-Marne	3e Bataillon du Cantal
17e DB (Sept 1, 1794)	1e Bat/9e Rég (Normandie)	2e Bataillon de l'Indre	3e Bat de la Seine-Inferieure
18e Demi-Brigade	NFC		
19e DB (Mars 29, 1794)	1e Bat/10e Rég (Neustrie)	2e Bat. du Mont-Blanc	3e Bat. des Basses-Alpes
20e DB (Février 12 1794)	2e Bat. 10e Rgt. (Neustrie)	2e Bat. de la Lozère	2e Bat. de Chasseurs de l'Isère
21e DB (Octobre, 22, 1793)	1e Bat. 11e Rgt. (La Marine)	2e Bat. du Var	1e Bat. de la Haute-Garonne
22e Demi-Brigade	2e Bat. 11e Rgt. (La Marine)	Bat. de Martigues, (Bouches-du-Rhône)	2e Bat. de Marseille
23e DB (Déc. 21, 1793)	1e Bat. 12e Rgt. (Auxerrois)	2e Bat. du Pas-de-Calais	3e Bat. du Calvados
24e DB (Déc.25, 1793)	2e Bat. 12e Rgt. (Auxerrois)	3e Bat. de la Somme	10e Bat. des Réserves Bat. de réquisition de St.Omer
25e DB (Juni, 17, 1794)	1e Bat. 13e Rgt. (Bourbonnais)	4e Bat. de Jura	4e Bat. de Doubs
26e DB (Mai, 20, 1794)	2e Bat. 13e Rgt. (Bourbonnais)	4e Bat. de la Manche	9e Bat. de Seine-et-Oise
27e DB (Déc, 26, 1793)	1e Bat. 14e Rgt. (Porez)	1e Bat. du Pas-de-Calais	11e Bat. des Fédérés
28e DB (Mai, 29, 1795)	2e Bat. 14e Rgt. (Forez)	6e Bat. de la Manche	10e Bat. de Paris 10e Bat. de la Manche
29e DB (Jan, 14, 1794)	1e Bat. 15e Rgt. (Béarn)	4e Bat. de la Sarthe	14e Bat. des Fédérés
30e Demi-Brigade NFC	2e Bat. 15e Rgt. (Béarn)	2e Bat. de l'Eure	3e Bat. de Rouen
31e DB (Sept, 22, 1794)	1e Bat. 16e Rgt. (Agenois)	1e Bat. d'Ille-et-Vilaine	2e Bat. d'Ille-et-Vilaine
32e Demi-Brigade	NFC		
33e DB (Août, 14, 1794)	1e Bat. 17e Rgt. (Auvergne)	10e Bat. de Seine-et-Oise	2e Bat. de la Nièvre
34e DB (Avril, 27, 1794)	2e Bat. 18e Rgt. (Auvergne)	4e Bat. de la Moselle	3e Bat. de la Meuse
35e DB (Août, 17, 1794)	1e Bat. 18e Rgt. (Royal-Auvergne)	3e Bat. de la Meurthe	5e Bat. de la Meurthe
36e DB (Nov. 21, 1794)	2e Bat. 18e Rgt. (Royal-Auvergne)	1e Bat. du Loiret	5e Bat. de la Somme
37e Demi-Brigade	NFC		
38e DB (Août, 4, 1794)	2e Bat. 19e Rgt. (Flandre)	1e Bat. de la Somme	3e Bat. de l'Aube
39e DB (Oct 21, 1794)	1e Bat. 20e Rgt. (Cambrésis)	2e Bat. des Basses-Pyrénées	3e Bat. des Basses-Pyrénées
40e DB (Oct, 21, 1794)	2e Bat. 20e Rgt. (Cambrésis)	3e Bat. des Landes	3e Bat. des Hautes-Pyrénées
41e DB (Juni, 25, 1794)	1e Bat. 21e Rgt. (Guyenne)	2e Bat. du Doubs	4e Bat. de l'Eure
42e DB (Juni, 23, 1794)	2e Bat. 21e Rgt. (Guyenne)	3e Bat. de la Corrèze	1e Bat. des Amis du Bas-Rhin
43e DB (Sept 12, 1794)	1e Bat. 22e Rgt. (Viennois)	4e Bat. de Seine-et-Oise	3e Bat. du Lot
44e DB (Sept 22, 1794)	2e Bat. 22e Rgt. (Viennois)	2e Bat. de la Corrèze	3e Bat. du Rhône

45e Demi-Brigade	1e Bat. 23e Rgt. (Royal)	1e Bat. des Basses-Alpes	1e Bat. de la Lorèze
46e DB (Mars, 1, 1794)	2e Bat. 23e Rgt. (Royal)	4e Bat. de l'Isère	6e Bat. de l'Isère
47e DB (Juni, 21, 1795)	1e Bat. 24e Rgt. (Brie)	4e Bat. des Deux-Sèvres	9e Bat. de la Côte D'Or
48e DB (Avril, 10, 1794)	2e Bat. 24e Rgt. (Brie)	1e Bat. du Calvados	1e Bat. des Bouches-du-Rhône
49e Demi-Brigade	1e Bat. 25e Rgt. (Poitou)	5e Bat. de l'Oise	4e Bat. du Nord
50e DB (Déc 1, 1794)	2e Bat. 25e Rgt. (Poitou)	3e Bat. de l'Oise	6e Bat. de la Seine - Inférieure
51e DB (Juil 19, 1794)	1e Bat. 26e Rgt. (Bresse)	3e Bat. des Hautes-Alpes	5e Bat. des Hautes-Alpes
52e DB (Sept, 31, 1794)	2e Bat. 26e Rgt. (Bresse)	2e Bat. de Vaucluse	5e Bat. des Bouches-du-Rhône 2e Bat. des réquisitionnaires de la montagne d'Aix
53e DB (Déc 31, 1794)	1e Bat. 27e Rgt. (Lyonnais)	3e Bat. de la Moselle	1e Bat. de la formation du Bas-Rhin
54e DB (Mai, 21, 1794)	2e Bat. 27e Rgt. (Lyonnais)	1e Bat. du Puy De Dôme	1e Bat. de l'Indre
55e DB (Juni, 19, 1795)	1e Bat. 28e Rgt. (Maine)	2e Bat. de l'Ardèche	3e Bat. de l'Ardèche
56e Demi-Brigade	2e Bat. 28e Rgt. (Maine)	2e Bat. de l'Ariège	2n Bat. de l'Aveyron
57e Demi-Brigade	NFC		
58e Demi-Brigade	NFC		
59e DB (Mai, 17, 1794)	1e Bat. 30e Rgt. (Perche)	4e Bat. de Paris	7e Bat. de Rhône et Loire
60e DB (Juni, 29, 1795)	2e Bat. 30e Rgt. (Perche)	8e Bat. de la Côte D'Or	12e Bat. de la formation d'Angers
61e DB (Mai, 10, 1794)	1e Bat. 31e Rgt. (Aunis)	1e Bat. du Morbihan	8e Bat. de la Manche
62e Demi-Brigade	NFC		
63e Demi-Brigade	NFC		
64e Demi-Brigade	NFC		
65e DB (Juni, 2, 1794)	1e Bat. 33e Rgt. (Touraine)	3e Bat. de la Gironde	1e Bat. du Mont-Terrible
66e DB (Janv 2, 1794)	2e Bat. 33e Rgt. (Touraine)	9e Bat. du Doubs	4e Bat. du Var 1e Bat. de l'Eure
67e DB (Mars, 21, 1794)	1e Bat. 34e Rgt. (Angoulême)	2e Bat. de Paris	11e Bat. de la Manche
68e DB (Déc 30, 1795)	1e Bat. 34e Rgt. (Angoulême)	2e Bat. de la formation de Loir-et-Cher	13e Bat. des réserves
69e DB (Mars, 21, 1795)	1e Bat. 35e Rgt. (Aquitaine)	1e Bat. des Hautes-Alpes	3e Bat. de la Drome
70e DB (Mars, 21, 1794)	2e Bat. 35e Rgt. (Aquitaine)	1e Bat. des Landes	1e Bat. de l'Ardèche
71e DB (Avril, 5, 1795)	1e Bat. 36e Rgt. (Anjou)	2e Bat. de la Meuse	13 Bat. des fédérés
72e DB (Avril, 17, 1794)	2e Bat. 36e Rgt. (Anjou)	6e Bat. du Jura	2e Bat. de la Gironde
73e Demi-Brigade	1e Bat. 37e Rgt. (Maréchal de Turenne)	12e Bat. des Vosges	6e Bat. de la Meuse
74e DB (Juni, 19, 1794)	2e Bat. 37e Rgt. (Maréchal de Turenne)	2e Bat. de la Charente – Inférieure	8e Bat. du Jura
75e DB (Juni, 19, 1795)	1e Bat. 38e Rgt. (Dauphine)	1e Bat. des Vosges	17e Bat. de la Côte D'Or
76e Demi-Brigade	2e Bat. 38e Rgt. (Dauphine)	10e Bat. de la Seine – Inférieure	9e Bat. des Fédérés
77e Demi-Brigade	NFC		
78e Demi-Brigade	NFC		
79e DB (Févr 16, 1794)	1e Bat. 40e Rgt. (Soissonais)	3e Bat. de Saône-et-Loire	3e Bat. du Gard
80e DB (Mai, 2, 1794)	2e Bat. 40e Rgt. (Soissonais)	1e Bat. de la Haute-Saône	3e Bat. du Haut-Rhin
81e Demi-Brigade	NFC		
82e Demi-Brigade	NFC		
83e DB (Janv, 1, 1794)	1e Bat. 42e Rgt. (Limousin)	4e Bat. de la Drome	2e Bat. de l'Isère
84e DB (Janv, 7, 1794)	2e Bat. 42e Rgt. (Limousin)	4e Bat. de Rhône et Loire	2e Bat. du Cantal
85e DB (Avril, 16, 1794)	1e Bat. 43e Rgt. (Royal-Vaisseaux)	1e Bat. de la Haute-Marne	5e Bat. du Haut-Rhin
86e Demi-Brigade	2e Bat. 43e Rgt. (Royal-Vaisseaux)	19e Bat. de Paris, Pont-Neuf	3e Bat. du Puy-de-Dôme
87e DB (Janv 7, 1794)	1e Bat. 44e Rgt. (Orléans)	2e Bat. du Loiret	3e Bat. de la Côte D'Or
88e Demi-Brigade	NFC		
89e DB (Déc 3, 1794)	1e Bat. 45e Rgt. (La Couronne)	1e Bat. de la Vendée	1e Bat. de la Meurthe
90e Demi-Brigade	2e Bat. 45e Rgt. (La Couronne)	8e Bat. des fédérés	4e Bat. du Nord
91e DB (Juni, 21, 1794)	1e Bat. 46e Rgt. (Bretagne)	1e Bat. du Jura	1e Bat. de l'Ain
92e DB (Juill 30, 1794)	2e Bat. 46e Rgt. (Bretagne)	5e Bat. de la Haute-Saône	2e Bat. d'Eure-et-Loir
93e Demi-Brigade	1e Bat. 47e Rgt. (Lorraine)	1e Bat. de Seine-et-Marne	6e Bat. du Haut-Rhin

94e DB (Mai, 15, 1794)	2e Bat. 47e Rgt. (Lorraine)	1e Bat. de Saône-et-Loire Bat. form. Maine-et-Loire	1e Bat. du Cher 5e Bat. de l'Yonne
95e DB (Août, 25, 1794)	1e Bat. 48e Rgt. (Artois)	2e Bat. de la Creuse	8e Bat. de la Haute-Saône
96e Demi-Brigade	NFC		
97e DB (Janv 19, 1794)	1e Bat. 49e Rgt. (Vintimille)	2e Bat. du Calvados	2e Bat. de Maine-et-Loire
98e Demi-Brigade	NFC		
99e DB (Oct 25, 1794)	1e Bat. 50e Rgt. (Hainaut)	4e Bat. des Bouches-du-Rhône	1er du Luberon o 9e Bat. des Bouches-du-Rhône
100e DB (Nov 14, 1793)	2e Bat. 50e Rgt. (Hainaut)	7e Bat. des Bouches-du-Rhône	Bat. de Tarascon, Bouches-du-Rhône
101e DB (Nov 11, 1793)	1e Bat. 51e Rgt. (La Sarre)	3e Bat. des Bouches-du-Rhône	6e Bat. des Bouches-du-Rhône
102e DB (Nov, 17, 1794)	2e Bat. 51e Rgt. (La Sarre)	3e Bat. du Var	6e Bat. du Var
103e Demi-Brigade	1e Bat. 52e Rgt. (La Fère)	1e Bat. de Marseille	2e Bat. de Luberon
104e DB (Août 24, 1794)	2e Bat. 52e Rgt. (La Fère)	1e Bat. de la Nièvre	1e Bat. de la Corse
105e DB (Juni, 16, 1794)	1e Bat. 53e Rgt. (Alsace)	1e Bat. du Gers	2e Bat. du Gers
106e Demi-Brigade	NFC		
107e Demi-Brigade	1e Bat. 54e Rgt. (Royal-Roussillon)	3e Bat. de l'Yonne	4e Bat. de l'Yonne
108e DB (Juni 19 1794)	2e Bat. 54e Rgt. (Royal-Roussillon)	1e Bat. du Lot	2e Bat. du Lot
109 DB (Juni 20 1794)	1e Bat. 55e Rgt. (Condé)	7e Bat. de Seine-et-Oise	5e Bis Bat. de Rhône et Loire
110e DB (Mai, 3, 1794)	2e Bat. 55e Rgt. (Condé)	6e Bat. de la Meurthe	7e Bat. de la Meurthe
111e DB (Mars 16 1794)	1e Bat. 56e Rgt. (Bourbon)	1e Bat. de l'Orne	2e Bat. de la Meurthe
112e DB (Déc 20, 1794)	2e Bat. 56e Rgt. (Bourbon)	4e Bat. de la 1e Réquisition de Paris	7e Bat. de Doubs 2e Bat. des Deux-Sèvres
113e DB (Mai, 10, 1795)	1e Bat. 57e Rgt. (Beauvaisis)	6e Bat. des Landes	6e Bat. de Lot-et-Garonne
114e DB (Avr 23 1795)	2e Bat. 57e Rgt. (Beauvaisis)	10e Bat. de la Gironde	14e Bat. de la Gironde
115e Demi-Brigade	NFC		
116e DB (Janv 15, 1794)	2e Bat. 58e Rgt. (Rouergue)	2e Bat. de la Moselle	1e Bat. de Lot-et-Garonne
117e DB (Avr 15, 1794)	1e Bat. 59e Rgt. (Bourgogne)	2e Bat. de la Côte D'Or	1e Bat. de la Haute-Loire
118e DB (Oct 22, 1793)	2e Bat. 59e Rgt. (Bourgogne)	2e Bat. de la Drome	3e Bat. de l'Isère
119e Demi-Brigade	NFC		
120e Demi-Brigade	NFC		
121e DB (Sept 23, 1793)	1e Bat. 61e Rgt. (Vermandois)	1e Bat. de l'Union	7e Bat. du Var
122e Demi-Brigade	2e Bat. 61e Rgt. (Vermandois)	3e Bat. de la Haute-Marne	4e Bat. de la Haute-Marne
123e DB (Avr 15, 1794)	1e Bat. 62e Rgt. (Salm-Salm)	2e Bat. de la Somme	1e Bat. de la Vienne
124e Demi-Brigade	NFC		
125e Demi-Brigade	NFC		
126e Demi-Brigade	NFC		
127e DB (Sept 1, 1794)	1e Bat. 68e Rgt. (Beauce)	2e Bat. du Haut-Rhin	5e Bat. de la Haute-Marne
128e DB (Juil 19, 1794)	2e Bat. 68e Rgt. (Beauce)	3e Bat. de l'Eure	6e Bat. de l'Oise
129e DB (Oct 22, 1793)	1e Bat. 70e Rgt. (Médoc)	1e Bat. de l'Hérault	2e Bat. de l'Hérault
130e DB (Juni, 19, 1794)	2e Bat. 70e Rgt. (Médoc)	4e Bat. de la Haute-Garonne	5e Bat. de la Haute-Garonne
131e DB (Sept 22, 1794)	1e Bat. 71e Rgt. (Vivarais)	8e Bat. de Paris	17e Bat. des réserves
132e DB (Avril 5, 1794)	2e Bat. 71e Rgt. (Vivarais)	2e Bat. du Cher	5e Bat. de la Marne
133e Demi-Brigade	NFC		
134e DB (Mars 21 1795)	2n Bat. 72nd Rgt. (Vexin)	3e Bat. des Basses-Pyrénées	4e Bat. des Basses-Pyrénées
135e Demi-Brigade	NFC		
136e Demi-Brigade	NFC		
137e Demi-Brigade	NFC		
138e DB (Nov 6, 1794)	2e Bat. 74e Rgt. (Beaujolais)	5e Bat. des Vosges	2e Bat. de la Vienne
139e DB (Juni, 14, 1794)	1e Bat. 75e Rgt. (Monsieur)	3e Bat. d'Indre-et-Loire	5e Bat. de Seine-et-Marne
140e DB (Juni, 28, 1794)	2e Bat. 75e Rgt. (Monsieur)	3e Bat. du Doubs	11e Bat. du Jura
141e DB (Juil, 8, 1794)	1e Bat. 77e Rgt. (La Mark)	3e Bat. de l'Aisne	7e Bat. du Calvados
142e DB (Juill 5, 1795)	2e Bat. 77e Rgt. (La Mark)	4e Bat. Charente-Inférieure	3e Bat. de l'Orne
143e DB (Juni, 3, 1795)	2e Bat. 78e Rgt. (Penthièvre)	4e Bat. du Loiret	6e Bat. de la Marne
144e DB (Mai, 20, 1794)	2e Bat. 79e Rgt. (Penthièvre)	7e Bat. formation de Orléans	8e Bat. formation de Orléans

145e DB (Juni, 8, 1795)	1e Bat. 79e Rgt. (Boulonnais)	2e Bat. des Hautes-Pyrénées	
146e Demi-Brigade	2e Bat. 79e Rgt. (Boulonnais)	1e Bat. de la Côte D'Or	8e Bat. de l'Isère
147e DB (Août 27 1794)	1e Bat. 80e Rgt. (Angoumois)	2e Bat. de l'Aude	3e Bat. de l'Aude
148e DB (Sept 20, 1794)	2e Bat. 80e Rgt. (Angoumois)	7e Bat. de la Gironde	11e Bat. de la Gironde
149e DB (Juni, 16, 1794)	1e Bat. 81e Rgt. (Conti)	6e Bat. de la Haute-Saône	5e Bat. de l'Orne
150e DB (Août 18 1794)	2e Bat. 81e Rgt. (Conti)	1e Bat. de l'Aisne	2e Bat. des Basses-Alpes
151e Demi-Brigade	NFC		
152e DB (Août 21 1794)	2e Bat. 82e Rgt. (Saintonge)	7e Bat. de la Marne	6e Bat. du Bas-Rhin
153e Demi-Brigade	NFC		
154e DB (Avr 29, 1795)	2e Bat. 83e Rgt. (Foix)	1e Bat. de Valenciennes	1e Bat. républicain de Paris
155e Demi-Brigade	NFC		
156e Demi-Brigade	NFC		
157e DB (Juill 15, 1795)	1e Bat. 87e Rgt. (Dillon)	13e Bat. des Vosges	4e Bat. de Loir-et-Cher
158e Demi-Brigade	NFC		
159e DB (Juill 7, 1794)	1e Bat. 88e Rgt. (Berwick)	12e Bat. du Jura 1e Bat. des Vengeurs Vendée 6e Bat. du Calvados	4e Bat. de la Côte D'Or 4e Bat. formation d'Orleans 2e Bat. de l'Ain
160e Demi-Brigade	NFC		
161e DB (Juill 19, 1794)	1e Bat 89e Rgt. (Royal-Suédois)	9e Bat. du Nord	Bat. de Molière (Paris)
162e Demi-Brigade	2e Bat 89e Rgt. (Royal-Suédois)	2e Bat. des Arcis (Paris)	6e Bat. Bis du Calvados
163e DB (Sept 22, 1794)	1e Bat. 90e Rgt. (Chartres)	15e Bat. des réserves	25e Bat. des réserves
164e DB (Déc 3, 1794)	2e Bat. 90e Rgt. (Chartres)	1e Bat. d'Eure-et-Loir	8e Bat. de la Meurthe
165e DB (Oct 1, 1793)	1e Bat. 91e Rgt. (Barrois)	1e Bat d'Aix Bouches-du-Rhône	1e Bat. du Var
166e DB (Janv 30, 1794)	2e Bat. 91e Rgt. (Barrois)	5e Bat. du Var	9e Bat. du Var
167e Demi-Brigade	NFC		
168e Demi-Brigade	NFC		
169e DB (Mai, 22, 1794)	1e Bat. 93e Rgt. (Enghien)	1e Bat des Pyrénées-orientales	6e Bat. de Saône-et-Loire
170e DB (Juil 22, 1794)	2e Bat. 93e Rgt. (Enghien)	1e Bt Chaumont, Hauts-Marne	10e Bat. du Jura
171e DB (Janv 1, 1795)	1e Bat. 94e Rgt. (Royal Hesse-Darmstadt)	2e Bat. de la Marne	2e Bat. de Haute-Alpes
172e DB (Mars 26 1794)	2e Bat. 94e Rgt. (Royal Hesse-Darmstadt)	4e Bat. de la Marne	6e Bat. de la Marne
173e DB (Mars 26 1794)	1e Bat. 95e Rgt. (Nassau)	5e Bat. de la Moselle	6e Bat. des Vosges
174e DB (Oct 26, 1793)	2e Bat. 95e Rgt. (Nassau)	1e Bat. de la Haute-Vienne	6e Bat. de l'Yonne
175e DB (Mars 12 1795)	1e Bat. 98e Rgt. (Bouillon)	5e Bat. du Nord	11e Bat. des Vosges
176e DB (Mars 21 1795)	2e Bat. 98e Rgt. (Bouillon)	4e Bat. des Fédères	Bat. de Popincourt, Paris
177e DB (Mai, 1, 1794)	1e Bat. 99e Rgt. (Royal-Deux-Fonts)	1e Bat. du Haut-Rhin	3e Bat. du Bas-Rhin
178e DB (Déc 20, 1794)	2e Bat. 99e Rgt. (Royal-Deux-Fonts)	6e Bat. du Nord	7e Bat. de la Seine-Inférieure
179e DB (Janv 18, 1795)	1e Bat 102e Rg (Gardes Françaises)	6e Bat. de Paris	7e Bat. de l'Oise
180e DB (Juni, 6, 1795)	2e Bat 102e Rg (Gardes Françaises)	7e Bat. de la Haute-Saône	2e Bat. de Lot et Garonne
181e DB (Avril, 1, 1794)	1e Bat 103e Rg (Gardes Françaises)	1e Bat. de Rhône et Loire	Bat. de l'Arsenal, Paris
182e DB (Juni, 3, 1795)	2e Bat 103e Rg (Gardes Françaises)	2e Bat. des Côtes-du-Nord	7e Bat. du Bas Rhin
183e Demi-Brigade	1e Bat 104e Rg (Gardes Françaises)	1e Bat. de l'Oise	3e Bat. des réserves
184e Demi-Brigade	2e Bat 104e Rg (Gardes Françaises)	1e Bat. réquisition de Provins 8e Bat. de réquisition de Paris	27e Bat. des réserves 9e Bat. de Pas-de-Calais
185e DB (Juni, 28, 1795)	1e Bat. 105e Rgt. (Le Roi)	4e Bat. de la Meurthe	1e Bat. de la République
186e DB (Juni, 25, 1794)	2e Bat. 105e Rgt. (Le Roi)	2e Bat. de Rhône et Loire	2e Bat. de Bas-Rhin

DEMI-BRIGADES COLONIALI, VOLONTARI E PROVVISORIE

187e Demi-Brigade NFC
188e Demi-Brigade NFC
189e Demi-Brigade NFC
190e Demi-Brigade NFC
191e Demi-Brigade NFC
192e Demi-Brigade NFC
193e Demi-Brigade 1e Bat. 109e Rgt. (Guadeloupe et Martinique) 1e Bat. de l'Yonne 3e Bat. de la Loire-Inferiéure
194e DB (Juni, 28, 1795) 2e Bat. 109e Rgt. (Guadeloupe et Martinique) 3e Bat. du Bas-Rhin 12e Bat. du Doubs
195e Demi-Brigade NFC
196e DB (Juill 22, 1795) 2e Bat. 110e Rgt. (Port-au-Prince) 1e Bat. de la formation d'Orleans Bat. de l'égalité (Charente-Inferiéure) 4e Bat. de l'Aude 7e Bat. de la Manche 4e Bat. de Seine-et-Marne
197e DB (Juill 6, 1794) 1e Bat. 111e Rgt. (11e Bourbon) 2e Bat. de la Seine-Inferiéure 7e Bat. de la Somme
198e Demi-Brigade NFC
198e Bis DB ("Pas-de-Calais") (Juillet, 3, 1795) 10e Bat. de Paris 6e Bat. du Pas-de-Calais 8e Bat. du Pas-de-Calais
199e DB (Août, 18, 1795) 1e Bat. des Lombards (Paris) 11e Bat. des réserves 16e Bat. des réserves
199e Bis DB (Août, 18, 1795) 2e Bat. de Seine-et-Marne 3e Bat. de l'Ain 10e Bis Bat. de la Côte-d'Or
200e DB (Juill 5, 1795) 2e Bat. de Saône-et-Loire 3e Bat. de la Manche 11e Bat. de la Meurthe
200e Bis DB (Sept 23, 1795) 3e Bat. de Jura 6e Bat. de l'Aine Grenadiers de la Côte D'Or
201e DB (Juni, 19, 1795) 1e Bat. des Ardennes 1e Bat. de Paris 5e Bat. de Drome 4e Bat. de l'Aine (parziale)
202e DB (Juni, 19, 1795) 2e Bat. de Puy De Dôme 6e Bat. de Rhône-et-Loire 9e Bat. de la formation d'Orléans 10e Bat. de la Gironde
203e DB (Juill 4, 1795) 1e Bat. des fédères 7e Bat. de la Drome 1e Bis Bat. de Maine-et-Loire 8e Bat. de l'Aine (parziale)
204e DB (no data) 8e Bat. du Doubs 8e Bat. du Nord 4e Bat. de l'Oise 4e Bat. de la réquisition de Strasbourg
205e DB (Juillet, 18, 1795) 3e Bat. de Rhône-et-Loire 5e Bat. de Seine-et-Oise 5e Bat. de la Manche
206e DB (Juillet, 26, 1795) 1e Bat. de la Meuse 9e Bat. des Vosges 3e Bat. de la Vienne
207e DB (Juillet, 27, 1795) 10e Bat. de Doubs 14e Bat. des Vosges 10e Bat. de la Côte D'Or Bat. des Amis de l'honneur françaíse Maine-et-Loire (parziale)
208e DB (Septembre, 22, 1795) Bat. de Paris "des cinq-sections" 2e Bat. du Rhône 1e Bat. de la Montagne 15e Bat. des Vosges
209e DB (Septembre, 6, 1795) 1e Bat. de la Drome 1e Bat. de l'Aude 1e Bat. de l'Isère
209e Bis DB (Novembre, 8, 1796) 12e Bat. des Fédères 1e Bat. de Parthenay 5e Bat. de Deux Sevrés 8e Bis Bat. de l'Ain
210e Demi-Brigade NFC
211e DB (Mars, 17, 1796) 2e Bat. de la Haute-Loire 4e Bat. de l'Ardèche 5e Bat. de la Corrèze
1e DB Provisoire (Février, 17, 1796) 1e Bat. de l'Ariège 7e Bat. de la Haute-Garonne 9e Bat. de la Drome 3e Co. grenadiers of 26e Demi-Brigade
2e DB Provisoire 1e Bat. des grenadiers des Bouches-du-Rhône 2e Bat. des grenadiers des Bouches-du-Rhône 4e Bat. du Gard
3e DB Provisoire 2e Bat. des Pyrénées-orientales Grenadiers et Chasseurs de la 6e Réquisition de l'Ariège 3e Bat. des Pyrénées-orientales 3e Bat. de l'Ariège
4e DB Provisoire (Novembre 1795) 1e Bat. du Tarn 3e Bat. du Tarn 4e Bat. du Lot 4e Bat. de la Corrèze
5e DB Provisoire 1e Bat. du Mont-Blanc 1e Bat. de Grenadiers des Basses-Alpes 5e Bat. de Haute-Garonne
6e DB Provisoire 4e Bat. du Tarn 5e Bat. du Lot 8e Bat. de l'Ardèche

7e DB Provisoire 3e Bat. du Gard 1e Bat. de Vaucluse 6e Bat. de l'Ardèche

8e DB Provisoire (Juni, 19, 1795) 4e Bat. de l'Aude 6e Bat. de l'Aude 8e Bat. de l'Aude

9e DB Provisoire (Juni, 25, 1796) 5e Bat. de l'Aude 7e Bat. de l'Aude 9e Bat. de l'Aude

10e DB Provisoire Bat. de Béziers (Hérault) 5e Bat. de la Haute-Vienne 3e Bat. de Braconniers-montagnards

11e DB Provisoire (Août 1795) 4e Bat. de l'Ariège 5e Bat. de l'Ariège 4e Bat. des Pyrénées-Orientales

12e DB Provisoire 5e Bat. de l'Hérault 6e Bat. de l'Hérault 7e Bat. de l'Hérault

13e DB Provisoire (Mars, 1, 1796) 1e Bat. des Côtes-Maritimes 3e Bat. des Côtes-Mar. 6e Bat. des Côtes-Mar.

14e DBProvisoire (Juni, 19, 1795) 2e Bat. des Côtes-Maritimes 4e Bat. des Côtes-Maritimes 7e Bat. des Côtes-Maritimes

15e DB Provisoire 1e Bat. des Alpes-Maritimes 4e Bat. du Mont-Blanc 5e Bat. du Mont-Blanc

DB d'Allier (Janvier, 5, 1794) 1e Bat. de l'Allier 2e Bat. de la Manche 7e Bat. du Pas-de-Calais

DB de l'Ardèche (Avril, 17, 1795) 6e Bat. de Lot 1e Bat. de l'Ardèche (grenadiers) 6e Bat. du Gers

DB de Chasseurs des Montagnes (Juni 1795) 1e Bat. de Chasseurs des Montagnes 2e Bat. de Chasseurs des Montagnes

DB des Côtes-du-Nord (Décembre, 20, 1795) 1e Bat. des Côtes-du-Nord 6e Bat. des fédérés 9e Bat. de la Meurthe

DB de Gers et Gironde (Mai, 7, 1795) 3e Bat. du Gers 7e Bat. du Gers 16e Bat. de la Gironde

DB des Deux-Sèvres (Mars, 21, 1795) 1e Bat. des Deux-Sèvres 3e Bat. des Deux-Sèvres 2e Bat. du Tarn

DB de la Dordogne 3e Bat. de la Dordogne 4e Bis Bat. de la Dordogne 9e Bat. de Lot-et-Garonne

DB d'Eure et Landes (Juni 1795) 3e Bat. de l'Eure 5e Bat. des Landes 6e Bat. de Haute-Garonne

DB du Finistère (Aout, 18, 1794) 1e Bat. du Finistère 1e Bat. de la Marne 3e Bat. de la Marne

DB de Gers et Bayonne (Avril 1795) 4e Bat. du Gers 7e Bat. du Gers Bat. de Bayonne "J.J. Rousseau"

DB du Jura et d'Hérault 2e Bat. du Jura 9e Bat. du Jura 3e Bat. de l'Hérault

DB de Paris-et-Vosges (Mai, 10, 1795) Bat. de Paris "2e des Lombards" Bat. de Paris "2e des Gravillies" 7e Bat. des Vosges

DB de la Haute-Saône 9e Bat. de la Haute-Saône 10e Bat. de la Haute-Saône 7e Bat. de Saône-et-Loire

DB de la Seine-Inferiéure (Août, 18, 1795) 9e Bat. de la Seine-Inferiéure 10e Bat. du Calvados 10e Bat. du Pas-de-Calais

DB de la Sarthe 2e Bat. de la Sarthe 4e Bat. des Hautes-Pyrénées 5e Bat. des Basses-Pyrénées

DB de tirailleurs (Juni, 19, 1795) 3e Bat. de Chasseurs francs du Nord 5e Bat. de Chasseurs francs du Nord 3e Bat. de tirailleurs

DB de l'Yonne (Juni, 3, 1795) 2e Bat. de l'Yonne 21e Bat. des réserves 7e Bat. du Nord

DB des Landes (Avril, 19, 1795) 2e Bat. du Landes 1e Bat. des Hautes-Pyrénées 7e Bat. de Lot-et-Garonne

DB de Lot et Landes 7e Bat. du Lot 8e Bat. du Lot 4e Bat. des Landes

DB de Girond et Lot-et-Garonne (Mai, 13, 1795) 9e Bat. de la Gironde 10e Bat. de la Gironde 5e Bat. de Lot-et-Garonne

DB des Aurois 2e Bat. des Chasseurs de la Nest - Chasseurs Aurois - Piquers de la Reole.

▲ *Fanteria francese in campagna 1794*

▲ *Fanti francesi (cacciatori) col copricapo sperimentale di tipo Mirliton 1792*

LA FANTERIA LEGGERA

1e Demi Brigade Légère (Juni, 16, 1795)	1e Bataillon de Chasseurs (Royaux de Provence)	8e Bataillon de la Gironde	Bataillon des Vengeurs du Midi
2e Demi Brigade Légère	2e Bataillon de Chasseurs (Royaux de Dauphine)	9e Bataillon de l'Isère	Bataillon Franc de la République
3e Demi Brigade Légère (Mars, 21, 1794)	3e Bataillon de Chasseurs (Royaux Corses)	2e Bataillon de Chasseurs Révolutionnaires	1e Bataillon de Chasseurs des Alpes Chasseurs des Hautes-Alpes
4e Demi Brigade Légère (Août, 6, 1794)	4e Bataillon de Chasseurs (Corses)	1e Bataillon de la Creuse	5e Bataillon de l'Aine
4e Bis Demi Brigade Légère (Novembre, 6, 1795)	1e Bataillon de la Légion des Allobroges	1e Bataillon de réquisition de la Montagne républicaine	2e Bataillon de la Légion des Allobroges
	6e Bataillon de l'Ariège (Excepté les compagnies de grenadier et de chasseurs à pied)		4e Bataillon de Chasseurs des Montagnes
5e Demi Brigade Légère (Avril, 23, 1795)	5e Bataillon de Chasseurs (Cantabres)	1e Bataillon de Chasseurs des Montagnes	2e Bataillon de Chasseurs des Montagnes
6e Demi Brigade Légère (Juni, 25, 1795)	6e Bataillon de Chasseurs (Bretons)	8e Bataillon du Calvados	4e Bataillon de Saône-et-Loire
7e Demi Brigade Légère (Juni, 24, 1794)	7e Bataillon de Chausseurs (d'Auvergne)	1e Bataillon de la Corrèze	2e Bataillon de la Dordogne
8e Demi Brigade Légère (Juni, 19, 1795)	8e Bataillon de Chasseurs (des Vosges)	1e Bataillon du Cantal	2e Bataillon de la Légion de la Moselle
9e Demi Brigade Légère (Mars, 21, 1794)	9e Bataillon de Chasseurs (des Cévennes)	Bataillon de Chasseurs de l'Aisne	Bataillon de Chasseurs de Seine-et-Marne
10e Demi Brigade Légère (Février, 24, 1795)	10 Bataillon de Chasseurs (du Gévaudan)	2e Bataillon de la Légion du Centre	1e Bataillon de la Légion de la Moselle
11e Demi Brigade Légère (Juillet, 11, 1794)	11e Bataillon de Chasseurs (des Ardennes)	Bataillon de Chasseurs du Cher	Bataillon des Chasseurs de Loir-et-Cher Bataillon de Chasseurs de la Meuse
12e Demi Brigade Légère (Juillet, 89, 1794)	12e Bataillon de Chasseurs (du Roussillon)	3e Bataillon de la Haute-Saône	2e Bataillon de Lot-et-Garonne
13e Demi Brigade Légère (Avril, 20, 1794)	13e Bataillon de Chasseurs (Gardes Françaises)	Grenadiers et Chasseurs de Reims	17e Bataillon de Chasseurs Volontaires
14e Demi Brigade Légère (Avril, 20, 1795)	14e Bataillon de Chasseurs (Gardes Françaises)	5e Bataillon de tirailleurs	Chasseurs de Mont-Cassel (Nord)
14e Bis Demi Brigade Légère (Juni, 25, 1794)	1e Bis Bataillon de Chasseurs, form. 1793	3e Bataillon du Cher	1e Bataillon de la Dordogne
15e Demi Brigade Légère (Juillet, 10, 1794)	15e Bataillon de Chasseurs Corses form. 1793	9e Bataillon du district de Lille	2e Bataillon des Bouches-du-Rhône 5e Bataillon de Vaucluse
15e Bis Demi Brigade Légère (Septembre, 1, 1794)	15e Bis Bataillon de Chasseurs, form. 1793	4e Bataillon des Vosges	8e Bataillon de la Drome
16e Demi Brigade Légère	16e Bataillon de Chasseurs, form. en Corse 1793	1e Bataillon de l'Aveyron	8e Bataillon de l'Isère
16e Bis Demi Brigade Légère (Juni, 19, 1795)	1e Bataillon de Chasseurs de la Meuse	6e Bataillon bis, dit de Chasseurs du Nord	Chasseurs du Rhin
17e Bis Demi Brigade Légère (Juni, 19, 1795)	1e Bataillon de la Légion des Alpes	2e Bataillon de l'Allier	9e Bataillon de l'Ain
18e Demi Brigade Légère (Novembre, 15, 1794)	18e Bataillon de Chasseurs, form. 1793	3e Bataillon de Vaucluse	3e Bataillon du Mont-Blanc
18e Bis Demi Brigade Légère (Août, 11, 1794)	2e Bataillon de la Légion des Alpes	5e Bataillon des Côtes-Maritimes	6e Bataillon du Doubs
19e Demi Brigade Légère (Mai, 1, 1794)	19e Bataillon de Chasseurs, form. 1793	8e Bataillon des Vosges	7e Bataillon de la Manche

19e Bis Demi Brigade Légère (Juillet, 1, 1795)	Légion du Nord (2 Bataillon a)	2e Bataillon des tirailleurs de la frontière des Alpes	2e Bataillon des Corps francs
20e Demi Brigade Légère	20e Bataillon de Chasseurs, form. Septembre, 2, 1792	9e Bataillon de la Haute-Garonne	10e Bataillon de la Haute-Garonne
20e Bis Demi Brigade Légère (Juni, 29, 1795)	1e Bataillon des Corps francs	11e Bataillon du Doubs	4e Bis Bataillon de la Charente
21e Demi Brigade Légère (Août, 1, 1794)	21e Bataillon de Chasseurs, form. 1792	10e Bataillon des fédérés	17e Bataillon des fédérés
21e Bis Demi Brigade Légère (Octobre, 10, 1794)	1e Bataillon de Villefranche, Rhône-et-Loire	1e Bataillon de la Côte-d'Or	1e Bataillon du Rhône
22e Demi Brigade Légère (Avril, 19, 1794)	22e Bataillon de Chasseurs (Légion de Rosenthal)	1e Bataillon de Chasseurs de la Neste	2e Bataillon d'Argeles, Hautes-Pyrénées
23e Demi Brigade Légère (Novembre, 21, 1794)	26e Bataillon de Chasseurs (1e Bataillon, Légion du Centre)	11e Bis Bataillon de Chasseurs (1e Bataillon, Légion des Ardennes)	16e Bis Bataillon de Chasseurs, form. Mai, 23, 1793 de 4 compagnies de Sedan
29e Demi Brigade Légère	29e Bataillon de Chasseurs (1e Bataillon de la Légion des Pyrénées)	30e Bataillon de Chasseurs (2e Bataillon de la Légion des Pyrénées)	3e Bataillon de Chasseurs des Montagnes
30e Demi Brigade Légère (Novembre, 15, 1793)	4 Bataillon a de la Légion franche étrangère ("américaine")	Bataillon de Chasseurs de la Légion franche étrangère ("américaine")	
32e Demi Brigade Légère (Décembre, 15, 1794)	32e Bataillon de Chasseurs, form. Janvier, 9, 1794	Chasseurs francs du Nord	Chasseurs du Hainaut

LA GUARDIA DURANTE LA REPUBBLICA

La più antica istituzione di una Guardia personale per il governo fu organizzata il 16 ottobre 1791, con ufficiali e soldati tratti da reggimenti di linea. Questa **Guardia Costituzionale** era comandata dal duca di Brissac, e suddivisa in due Corpi : 1200 soldati di fanteria e 600 di cavalleria. Il Gran Stato maggiore era dotato di un Tenente Generale, comandante in capo, 2 Marescialli da campo (uno di fanteria ed uno di cavalleria), 2 Adjudans généraux colonnelli aggregati, uno alla Guardia a piedi, l'altro a quella a cavallo. Il corpo fu dismesso il 29 ed il 31 maggio 1792, e rimpiazzate in settembre dalla **Guardia della Convenzione**.

La cosiddetta compagnia delle guardie *Prévôté de l'hôtel*, eredi del titolo dei granatieri della gendarmeria, cambiarono il nome in **granatieri gendarmi della rappresentanza nazionale**, nel 1792.
Questo corpo si organizzò nel modo seguente

1 Tenente Colonnello	2 Capitani	6 Tenenti	Quartiermastro tesoriere
1 Chirurgo maggiore	6 Marechal de Logis	18 Brigadieri	144 granatieri gendarmi
2 Tamburi		TOTALE = 181	

Forniva un tenente e due gendarmi al ministro delle giustizia, faceva servizio ai tribunali, svolgeva servizio di polizia presso le rappresentanze nazionali e la guardia agli archivi.
La sua uniforme era la stessa di quella della **Guardia Nazionale**, con queste uniche eccezioni: spalline rosse, granate sui risvolti, grande berretto di pelle d'orso, senza placca. Questa guardia formava un battaglione di 2 compagnie, con soldati presi da reggimenti di fanteria. In seguito cambiava ancora uniforme: giacca lunga blu, risvolti, paramani, colletto scarlatti, bordati di bianco; gilet bianco, con bordo scarlatto; risvolti abbottonati guarniti da granate scarlatte; tasche oblique con bordura scarlatta; fodera e calzoni bianchi, ghette nere con bottoni gialli; spalline e dragona rosse, cappello semplice, nappine rosse e pennacchio; bottoni bianchi, con un fascio littorio sbalzato. Orpelli e gradi degli ufficiali erano d'argento.
Con la morte del Re, due anni dopo la Guardia della Convenzione lasciava il posto alla **Guardia del Corpo Legislativo**. Presso quell'assemblea fu creata, pertanto, una nuova unità detta anche **Guardia**

▲ *Fanti francesi delle legioni di Midi, Allobrogene e Westermann 1792*

▲ 1794 allievo Della Ecole de Mars e granatiere della guardia nazionale. Tavola di Philippoteaux

Dipartimentale perché reclutava i migliori elementi della Guardia Nazionali dei vari dipartimenti. Doveva essere aumentata, per il quarto anno, a 9189 uomini, formando 3 brigate di 3000 soldati ciascuna, ognuna suddivisa in due Demi-brigades (2 reggimenti) di 1.500 uomini. Era comandata da un generale di brigata, e la demi-brigade da uno chef-de-brigade. Ogni demi-brigade era divisa in 3 battaglioni di 500 uomini e ciascun battaglione era comandato da uno chef-de-bataillon. Il battaglione aveva 5 compagnie di 100 uomini; la compagnia (in tutto 97 Guardie e 3 ufficiali) aveva due plotoni, il plotone 2 sezioni, la sezione 2 squadre. Questa guardia, che doveva essere rinnovata ogni anno, ebbe sempre una divisione che serviva costantemente presso l'organo legislativo, per fare il Servizio presso i due consigli e per la custodia delle istituzioni cittadine.

Nel 1796, in ottobre, fu istituita una **Guardia del Direttorio Esecutivo** creato con la Costituzione dell'anno III che ebbe la seguente organizzazione: 2 compagnie di fanteria e 2 a cavallo con uno Stato maggiore generale. La fanteria marciava ai lati degli spostamenti del Direttorio, in gran pompa, ed ogni membro dell'esecutivo aveva la sua scorta.

1 Generale di divisione	1 adjudant-genèral chef-de-brigade	1 comandante in seconda	2 Aides de camp
4 chefs-de-bataillon	1 quartiermastro	1 chirurgo maggiore	1 tamburo maggiore
5 Mastri artigiani	Mastro di sartoria	Mastro calzolaio	Mastro degli Stivali
Mastro speroniere	Mastro sellaio	TOTALE = 17	

Compagnia Granatieri	1 capitano	1 tenente	1 sottotenente
1 chef-de-bataillon	1 sergente maggiore	2 sergenti	1 furiere
1 porta bandiera	4 caporali	2 tamburi	42 granatieri
		TOTALE = 57	

Guardie a cavallo	1 capitano	1 tenente	1 sottotenente
1 chef-de-bataillon	1 marechal des logis chef	2 marechals des logis	1 furiere
1 porta steandardo	4 brigadieri	2 cornette	41 Guardie
	1 marechal ferraio	TOTALE = 57	

Per esigenze sceniche 25 musicanti furono aggregati ai Granatieri e 4 cornette alle Guardie a cavallo. Questi due corpi nel 1797 cambiarono nome in Granatieri a piedi e Granatieri a cavallo. Nel 1799 furono riuniti alla Guardia del Corpo Legislativo, formando 1 battaglione di Granatieri ed uno squadrone di chasseurs, forti di 8 compagnie ciascuno. Bandiere e stendardi avevano i tre colori nazionali, con ai quattro angoli la sigla R.F. circondata da una corona metà d'alloro, metà di foglie di quercia. Al centro stava scritto Garde du Directoire Executif. Le frange ed i bordi erano dorati. I granatieri erano armati di fucile ornato di giallo cuoio ed avevano la sciabola corta (briquet). La cavalleria aveva il moschettone ornato cono lo stesso metallo e la sciabola.

La Transizione e la II Amalgama

Nel 1795 si stima esistessero 209 demi-brigade di linea e 42 leggere, anche se molte di esse non contavano più di 300 soldati sui 2400 teorici. Lo stato dell'equipaggiamento, poi, era sempre assai precario: un esercito sempre affamato, vestito di cenci e male armato e che si sostentava sulle risorse dei territori che occupavano. Semmai, a migliorare fu il clima politico generale, dal momento che lo spettro di finire ghigliottinati venne allontanato. Nel 1796 il **Direttorio** ridusse il numero delle demi-brigade a 110 di linea e 30 leggere, aumentando però il numero degli effettivi di ogni battaglione a 1067 uomini, ufficiali compresi.

Il numero di ogni nuova unità venne estratto a sorte, decisione che certo non venne accolta favorevolmente dai soldati, che avevano cominciato, faticosamente, a sviluppare una proprio orgoglio e una propria tradizione di reparto.

Infine, tutte le legioni e corpi franchi vennero inglobati nelle truppe regolari.

Successive modifiche portarono nel 1796 l'organico di compagnia a 104 fucilieri e a 20 uomini di altri ranghi per un totale sulla carta di di circa 3.400 uomini tra ufficiali e fucilieri per ciascuna Demi-

▲ 1793 Generale repubblicano. Tavola di Charlet

▲ 1794 Colonnello di fanteria. Tavola di Charlet

Brigade di 3 battaglioni. In due anni di "Amalgame" le Demi-Brigade passarono da 198 a 211, per poi, nei primi tre mesi del 1796, essere ridotte a 100 e risalire a 110.

Il 18 Nevoso anno IV (8 gennaio 1796), il Direttorio ordinò una nuova riorganizzazione della fanteria (**2a Amalgama**). Il numero di demi-brigades da battaglia fu ridotto a 100, e quello delle demi-brigades leggere scese a 30. Poco dopo, il decreto del 10 Germinale anno IV (30 marzo 1796) portò a 110 il numero di demi-brigades da battaglia .

Dall'anno IV (1796) all'anno VI (1798), apparvero numerose novità nella legislazione militare: ospedali, le retribuzioni, le masse, i trasporti diretti e indiretti, le iscrizioni, le assunzioni, i sussidi ecc. Tutto ricevette indicazioni migliori e un'organizzazione più accurata. La polizia e la disciplina delle truppe, i tribunali militari, i "premi e le pensioni" di avanzamento registrarono miglioramenti significativi. L'esercito lo attendeva e l'emulazione aumentò la sua forza.

▲ *1794 Granatieri di Francia. Tavola di Charlet*

ESERCITO REPUBBLICANO DI FRANCIA 1796 - 1799   2A AMALGAMA DELLE DEMI-BRIGADES DA BATTAGLIA E LEGGERE BATTAGLIONI A SETTEMBRE 1798

1e demi-brigade (Febbraio, 22, 1796)

131e demi-brigade rinominata
I btn.: vecchio I/71e Régiment
II btn.: vecchio 17e des Réserves
III btn.: vecchio 8e btn de Paris detto di St.e Marguerite

2e demi-brigade (Maggio, 5, 1796)

I btn.: 94e demi-brigade
II btn.: 5e bataillon de l'Yonne
III btn.: bataillon de Marat o des Amis de l'honneur francais (Mayenne-et-Loire)
Nel XII° anno (Sett.1803-Sett.1804) la 2e demi-brigade prendeva il nome di 78e demi-brigade

3e demi-brigade (Febbraio, 18, 1796)

I btn.: 91e demi-brigade
II btn.: 127e demi-brigade (1er btn 68° Régt., 2e btn Haut-Rhin, 3e btn Haute-Marne)
III btn.: assente an VII
Nel XII° anno (Sett.1803-Sett.1804) la 3e demi-brigade prendeva il nome di 83e demi-brigade

4e demi-brigade (Marzo, 12, 1796)

I btn.: 39e demi-brigade - 2e bataillon, 55e demi-brigade - 130e demi-brigade (2e 70° régt., 4e e 5e btns de l'Haute-Garonne) - 145e demi-brigade (1er 79° regt., 2e Hautes-Pyrénées, 3e Haute-Vienne)
II btn.: 147e demi-brigade (1er 80° regt., 2e e 3e btns de l'Aude) - 14e demi-brigade provisoire (2e, 4e e 7e des Côtes Maritimes) - 8e demi-brigade provisoire (o 1e de l'Aude formato dai btns 4e, 6e, 8e de l'Aude) - 9e demi-brigade provisoire (o 2e de l'Aude ex 147e formato dai battaglioni dispari 5e, 7e, 9e de l'Aude)
III btn.: 3e bataillon de requisition de la Gironde - 1e bataillon de requisition des Landes - Legion de la Montagne (des societies populaires)

5e demi-brigade (Febbraio, 20, 1796)

I btn. - 146e demi-brigade (2e 79° rgt, 1er btn de la Cote d'Or, 8e btn de l'Isere)
II btn. - 193e demi-brigade (1er du 109° rgt., 1er de l'Yonne, 3e de Loire-inférieure)
Nel VI anno (Sett.1796-Sett.1797) la 5e demi-brigade incorporò il 2e bataillon 5e demi-brigade Légère.
III btn. – 1er Btn. 11e Nouvelle Demi-brigade Légére (3e de Chasseurs, 2e de Chasseurs Révolutionnaires, 1e des Chasseurs des Alpes, Chasseurs des Hautes-Alpes)
Nel XII° anno (Sett.1803-Sett.1804) la 5e demi-brigade prendeva il nome di 87e demi-brigade

6e demi-brigade (Agosto, 14, 1796)

I btn.: 6e demi-brigade BIS
II btn.: 196e demi-brigade (2e du 110e rgt., 1er de la Formation d'Orleans, 4e de Saône-et-Marne)
III btn.: 3e, 7e, e 10e bataillons de Paris pour la Vendée - 4e bataillon BIS de la Sarthe - 3e bataillon d'Eure-et-Loire ("de Chartres") –

7e demi-brigade (Agosto, 22, 1796)

I btn.: 1e bataillon 83° Regt.
II btn.: 2e bataillon 49° Regt.
III btn.: 128e demi-brigade (2e 68e rgt., 3e btn de l'Eure, 3e de l'Oise) - 3e, 7e, e 9e bataillon de Paris - 7e bataillon de l'Yonne - 16e bataillon des Fédérés

8e demi-brigade (Febbraio, 19, 1796)

I btn.: 3e demi-brigade

II btn.: 1e bataillon du district de Lille - 3e bataillon du district de Lille - 5e bataillon du district de Lille
9e demi-brigade (Aprile, 1, 1796)
I btn.: 2e demi-brigade
II btn.: 1e e 3e bataillon, 161e demi-brigade (1er 89e rgt, 9e btn du Nord, 4e btn de Moliére de Paris)

10e demi-brigade (Febbraio, 19, 1796)

I btn.: 53e demi-brigade
II btn.: 159e demi-brigade (1er 88e rgt, 12e du Jura, 4e de la Cote d'Or)
III btn.: 4e btn. de la Formation d'Orleans - 1er btn. des Vengeurs (Vendée) - 2e btn. de l'Ain - 6e btn du Calvados
Nel XI anno (Sett.1802-Sett.1803) la 10e demi-brigade incorpora 1e bataillon 82e demi-brigade

11e demi-brigade (Settembre, 22, 1796)

I btn.: 20e demi-brigade
II btn.: 103e demi-brigade
III btn.: 4e demi-brigade provisoire (la 4e prov. aveva 1er e 3e du Tarn, 4e du Lot) - 7e demi-brigade provisoire 2e bataillon (la 7e prov. aveva 5e du Gard, 1er de Vaucluse, 5e de l'Herault) - 15e demi-brigade provisoire (la 15e prov. aveva 1er des Alpes Maritimes, 4e e 5e du Mont Blanc)
Nel XII° anno (Sett.1803-Sett.1804) la 11e prendeva il nome di 104e demi-brigade

12e demi-brigade (Marzo, 10, 1796)

I btn.: 60e demi-brigade
II btn.: 3e bataillon, vecchia 170e demi-brigade (2e 93e rgt, 1er btn de Chaumont en Haute-Marne, 10e btn du Jura)
III btn.: Nel VI anno (Sett.1796-Sett.1797) la 12e demi-brigade incorpora il 3e bataillon 11e demi-brigade Légère nouvelle (3e de Chasseurs, 2e de Chasseurs Révolutionnaires, 1er des Chasseurs des Alpes, 1er de Chasseurs des Hautes Alpes)
Nel XI anno (Sett.1802-Sett.1803) la 12e demi-brigade incorpora 3e bataillon 86e demi-brigade

13e demi-brigade (Novembre, 21, 1796)

I btn.: 49e demi-brigade
II btn.: 1e bataillon, 106° Regt. 2e bataillon, 106° Regt. - 1e bataillon, 29° Regt. (Dauphin) 2e bataillon, 29° Regt. (Dauphin)
III btn.: bataillon des Fédérés des 83 departments - 6e bataillon grenadiers de Rhone-et-Loire - 2e bataillon de la formation d'Orleans - 19e bataillon des Réserves

14e demi-brigade (Aprile, 5, 1796)

I btn.: 29e demi-brigade
II btn.: Demi-brigade de la Seine-Inférieure (9e de la Seine-Inférieure, 10e du Calvados, 10e du Pas de Calais) - 15e demi-brigade (Febbraio, 19, 1796) - I II III btn.: 68e demi-brigade
Nel XII° anno (Sett.1803-Sett.1804) la 15e demi-brigade prendeva il nome di 107e demi-brigade

16e demi-brigade (Febbraio, 20, 1796)

I btn.: 110e demi-brigade
II btn.: 2e e 3e bataillon, demi-brigade de l'Yonne (ovvero il 21e des Réserves ed il 7e du Nord che formavano la DB assieme al I btn che era il 2e de l'Yonne)

17e demi-brigade (Febbraio, 10, 1796)

I btn.: 33e demi-brigade
II btn.: 178e demi-brigade (2e 99e rgt, 6e du Nord, 7e de la Seine Inférieure)
III btn.: Demibrigade d'Eure et Landes (5e des Landes, 5e de l'Eure, 6e d'Haute-Garonne)

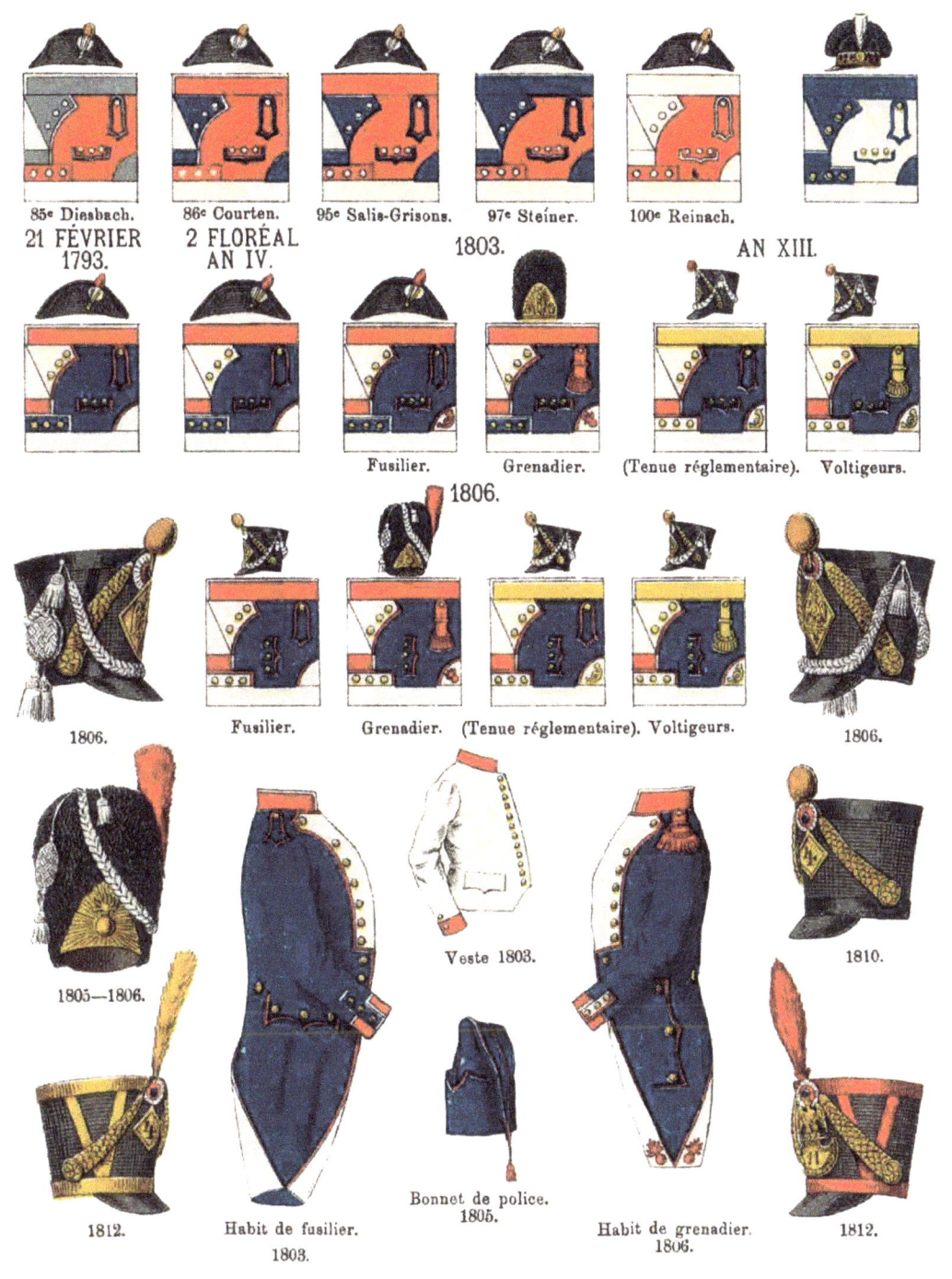

▲ *Fanteria francese 1791-1792-1803-1806. Tavola di Lienhart e Humbert*

▲ *Soldati della Guardia nazionale 1793/1794. Tavola di Knotel*

▲ *Fanteria francese di una demi-brigade ne 1796. Tavola di Knotel*

Nel XII° anno (Sett.1803-Sett.1804) la 17e demi-brigade prendeva il nome di 41e demi-brigade

18e demi-brigade (Giugno 1796)

I btn.: 3e btn 45e demi-brigade
II btn.: 69e demi-brigade
III btn.: 211e demi-brigade (2e de l'Haute-Loire, 4e de l'Ardèche, 5e de la Correze) - 5e demi-brigade provisoire (1er du Mont Blanc, 1er Grenadier des Alpes, 5e de l'Ardèche) - 6e demi-brigade provisoire (4e du Tarn, 5r du Lot, 8e de l'Haute Garonne) - 1e bataillon de grenadiers de Paris - 3e bataillon des Côtes-du-Nord

19e demi-brigade (Gennaio, 17, 1796)

I btn.: 1e e 2e bataillon, 45e demi-brigade
II btn.: 1e e 2e bataillon, 180e demi-brigade (ovvero 2e 102e rgt e 7e de l'Haute-Saone, il terzo era il btn 2e du Lot et Garonne)

20e demi-brigade (Ottobre, 22, 1796)

I btn.: 1e bataillon, 176e demi-brigade (ex 2e btn 98e rgt che formava la DB assieme a 4e des Fédérés e al 4e de Paris o Popincourt btn)
II btn.: 179e demi-brigade (1er 102e rgt, 6e de Paris, 7e d l'Oise)
III btn.: 1e bataillon 60° Regt. (Royal-Marine) - 11e bataillon de Haute-Saône - 2e bataillon de Valenciennes - 15e bataillon des Fédérés - 8e bataillon du Bas-Rhin
Nel XII° anno (Sett.1803-Sett.1804) la 20e demi-brigade prendeva il nome di 91e demi-brigade

21e demi-brigade (Settembre 1796)

I btn.: 38e demi-brigade - 108e demi-brigade (solo in parte) - 139e demi-brigade (solo in parte. 1er 75e rgt, 3e d'Indre et Loire, 5e de Seine et Marne)
II btn.: 150e demi-brigade (2e 18e rgt, 1er de l'Aisne, 2e des Basses Alpes) - 169e demi-brigade (solo in parte. 1er 93e rgt, 1er des Pyrénées-orientales, 6e de Saone et Loire e parte del 4e bataillon de Pas-de-Calais)
Nel XII° anno (Sett.1803-Sett.1804) la 21e demi-brigade prendeva il nome di 109e demi-brigade

22e demi-brigade (Gennaio, 18, 1796)

In pratica tutta la vecchia 44e demi-brigade

23e demi-brigade (Febbraio, 12, 1796)

I btn.: 27e demi-brigade 1e bataillon, 175e demi-brigade (1er 18 rgt; con 5e du Nord e 11 des Vosges)
II btn.: 3e bataillon, 176e demi-brigade (4e des Fédérés; assieme a 2e 98e rgt e 4e bth de Paris Popincourt)
III btn.: 2e bataillon 60° Regt. (Royal-Marine)
Nel XII° anno (Sett.1803-Sett.1804) la 23e demi-brigade prendeva il nome di 75e demi-brigade

24e demi-brigade (Febbraio, 17, 1796)

I btn.: 5e demi-brigade
II btn.: 206e demi-brigade (1er de la Meuse, 9e des Vosges, 3e de la Vienne)
Nel XII° anno (Sett.1803-Sett.1804) la 24e demi-brigade prendeva il nome di 49e demi-brigade

25e demi-brigade (Marzo 1796)

I btn.: 84e demi-brigade - 101e demi-brigade
II btn.: 1e demi-brigade provisoire (1er de l'Arriége, 7e de l'Haute Garonne, 9e de la Drôme e 3a compagnia Granatieri della 26e demi-brigade

26e demi-brigade (Marzo, 11, 1796)

I btn.: 16e demi-brigade - 1e bataillon, 170e demi-brigade (2e 93e rgt, 1er de Chaumont, 10e du Jura)
II btn.: 4e bataillon des Côtes-du-Nord - 2e bataillon de l'Oise - 5e bataillon de l'ex-Legion de la Police

▲ *Fanteria francese in campagna 1795. Tavola di Job*

Nel XI anno (Sett.1802-Sett.1803) aggregava il 1ér Btn 74e demi-brigade.)

27e demi-brigade (Settembre, 22, 1796)

I btn.: 40e demi-brigade - Demi-brigade de l'Allier (1er de l'Allier, 2e de la Manche, 7e du Pas de Calais)
II btn.: 15e demi-brigade (1er 8e rgt, 3e de l'Allier, 1er de la Gironde e 4e d'Indre et Loire)

28e demi-brigade (Ottobre, 10, 1796)

I btn.: 183e demi-brigade (1er 104e rgt, 1er de l'Oise, 3e des Réserves, 1e btn, 6° Regt. (Armagnac) - 4e btn de Lot-et-Garonne
II btn.: 6e btn des Réserves - 9e btn des Réserves - 1e btn de la Manche - 4e btn de la Meuse - Depot 4e btn de l'Aisne e 2e btn de tirailleurs

29e demi-brigade (Febbraio, 29, 1796)

I II III btns. 164e demi-brigade (2e 90e rgt, 1er d'Eure et Loire, 8e de la Meurthe)

30e demi-brigade (Febbraio, 19, 1796)

I btn.: 72e demi-brigade
II btn.: 3e bataillon, 175e demi-brigade (11e btn des Vosges con 1er 18 rgt e 5e du Nord)

31e demi-brigade (Febbraio, 17, 1796)

I btn.: 1e demi-brigade e 2e bataillon, 4e demi-brigade
II btn.: 109e demi-brigade - 4e bataillon de Maine-et-Loire - bataillon des Vosges-et-Meurthe (solo in parte)
Nel XII° anno (Sett.1803-Sett.1804) 1e bataillon fu inserito nella 7e demi-brigade, 2e bataillon fu inserito nella 105e demi-brigade.

32e demi-brigade (Marzo, 15, 1796)

3 comp. granatieri 80e demi-brigade
I btn.: 21e demi-brigade - 118e demi-brigade (2e 59e rgt, 2e de la Drôme, 3e de l'Isére)
II btn.: 129e demi-brigade (1er 70e rgt, 1er e 2e de l'Hérault,

33e demi-brigade (Agosto, 21, 1796)

I btn.: 10e demi-brigade - 90e demi-brigade
II btn.: 1e bataillon, 110e Régt. - 3e bataillon de la Sarthe
Nel VI anno (Sett.1796-Sett.1797) incorpora 2e bataillon 11° demi-brigade Lègère (nuova).

34e demi-brigade (Febbraio, 19, 1796)

I btn.: 85e demi-brigade - 148e demi-brigade (2e 80e rgt, 7e e 11e de la Gironde)
II btn.: 1e e 2e bataillon, 67° Regt. (Languedoc) - 3e bataillon de Seine-et-Oise - 3e bataillon d'Arras (Pas de Calais) - 2e bataillon de Paris, 3e formazione
Nel XII° anno (Sett.1803-Sett.1804) la 34e demi-brigade prendeva il nome di 80e demi-brigade

35e demi-brigade (Settembre, 23, 1796)

I btn.: 114e demi-brigade (2e 57e rgt, 10e e 14e de la Gironde) - 1e e 2e bataillon, demi-brigade de Lot-et-Landes (4e des Landes e 7e du Lot; il terzo era l'8e du Lot) - 2e btn della 2e provisoire (ovvero il 2e btn granatieri delle Bouches-du-Rhone; il primo era il gemello 1e btn granatieri delle Bouches-du-Rhone, il terzo era il 4e du Gard)
II btn.: 29e demi-brigade Légère (29e des Chasseurs o 1er btn de la Legion des Pyrénées, 30e des Chasseurs o 2e btn de la Legion des Pyrénées, 4e bataillon de Vaucluse, 3e btn des Chasseurs des montagnes.) - 9e bataillon de Dordogne (??)
Nel XII° anno (Sett.1803-Sett.1804) la 35e demi-brigade prendeva il nome di 71e demi-brigade

36e demi-brigade (Febbraio, 20, 1796)

I btn.: 163e demi-brigade (1er 90e rgt, 15e e 23e des Réserves)

▲ *Fanteria francese all'assalto di un edificio 1796. Tavola di Job*

II btn.: 5e bataillon du Pas-de-Calais - 4e bataillon du Morbihan - Compagnia Grenadiers 1er bataillon de la Moselle

37e demi-brigade (Marzo, 30, 1796)

I btn.: 111e demi-brigade
II btn.: 1e e 2e bataillon, 173e demi-brigade (1er 96e rgt e 5e btn de la Moselle; il terzo era il 6e des Vosges)
Nel XII° anno (Sett.1803-Sett.1804) la 37e demi-brigade prendeva il nome di 38e demi-brigade

38e demi-brigade (Marzo, 30, 1796)

I btn.: 42e demi-brigade
II btn.: 200e demi-brigade (2e de Saone-et-Loire, 3e de la Manche, 11e de la Meurthe)
Nel XII° anno (Sett.1803-Sett.1804) prendeva il nome di la 37e demi-brigade

39e demi-brigade (Maggio, 23, 1796)

I btn.: 46e demi-brigade - 121e demi-brigade (1er 61e rgt, 1er de l'Union [Bouches-du-Rhone], 6e de Var)
II btn.: 4e bataillon des Basses-Alpes - 10e bataillon de l'Ain - 6e bataillon de la Dordogne ??

40e demi-brigade (Settembre, 2, 1796)

I btn.: 28e demi-brigade - 184e demi-brigade (2e 104e rgt, 27e des Réserves, 9e du Pas de Calais)
II btn.: 2e bataillon de l'Eure - 3e bataillon de Rouen (Seine-inférieure) - Deposito del 2° btn 15° Regt. (Bearn)

41e demi-brigade (Febbraio, 19, 1796)

I btn.: 4e bataillon dell'ex Legion de Police - 7e bataillon des Fédérés - 1e bat.de la Charente-Inférieure
II btn.: 2e bataillon du Gard - 3e bataillon du Morbihan - 4e bataillon de l'Aisne - 7e bataillon de Paris (detto du "Théatre-Français")
Nel XII° anno (Sett.1803-Sett.1804) fu inserita nella 17e demi-brigade

42e demi-brigade (Febbraio, 20, 1796)

La vecchia 31e demi-brigade

43e demi-brigade (Febbraio, 20, 1796)

I btn.: 34e demi-brigade
II btn.: 3e bataillon, 149e demi-brigade (6e de l'Haute-Saone; il primo era il 1er 81e rgt, il terzo era il 5e de l'Orne)

44e demi-brigade (Febbraio, 16, 1796)

I btn.: 92e demi-brigade
II btn.: 186e demi-brigade (2e 105e rgt, 2e du Rhone-et-Loire, 2e du Bas-Rhin) - 2e bat., 44° Regt. (Orleans)

45e demi-brigade (Marzo, 21, 1796)

I btn.: 100e demi-brigade
II btn.: 185e demi-brigade (1er 91rgt, 1er btn de l'Aix [Bouches du Rhone], 1er du Var) bataillon de Montferme (Basses-Alpes)
Nel XI anno (Sett.1802-Sett.1803) la 45e demi-brigade incorporava 3e bataillon 7° Regt.

46e demi-brigade (Settembre 1796)

I btn.: 17e demi-brigade - 107e demi-brigade
II btn.: 2e bataillon, 9° Regt. (Normandie) - 1e e 2e bataillon, 39° Regt. (Ile-de-France)
Trasformata (1797-1798) nelle compagnie di artiglieria da Marina nr. 9, 22, 04

46e demi-brigade (Nuova) 1798

2e Legion des Francs (ogni corpo dell'armée de l'Ouest forniva 20 effettivi estratti a sorte)

▲ Ufficiali e commissari esercito francese nel 1794. Tavola di Knotel

▲ *Caporale-furiere Della 105ª Demi-Brigade 1796. Tavola di Job*

47e demi-brigade (Febbraio, 20, 1796)
I btn.: 1e bataillon, 92° Regt. (Walsh)
47e Demi-brigade I formazione 6e bataillon de Paris ("du Bonconseil") - 2e bataillon de l'Orne

48e demi-brigade (Febbraio 1796)
I btn.: vecchia 48e demi-brigade
II btn.: 2e bataillon du Nord - 2e bataillon des Ardennes

49e demi-brigade (Febbraio, 26, 1796)
I btn.: 93e demi-brigade
II btn.: 174e demi-brigade (2e 96e rgt, 1er de l'Haute-Vienne, 6e de l'Yonne)
Nel XII° anno (Sett.1803-Sett.1804) fu inserita nella 24e demi-brigade

50e demi-brigade (Aprile, 13, 1796)
I btn.: 25e demi-brigade - 194e demi-brigade (2e 109e rgt, 4e du Bas-Rhin, 12e du Doubs)
II btn.: 2e bataillon, 204e demi-brigade (8e btn du Nord; il primo era l'8e du Doubs, il terzo 4e de l'Oise)

51e demi-brigade (Maggio 1796)
I btn.: 99e demi-brigade - 199e demi-brigade - 13e demi-brigade provisoire
II btn.: 105e demi-brigade - 3e comp. granatieri 14e demi-brigade - 2e comp. granatieri 26e demi-brigade

52e demi-brigade (Ottobre, 4, 1796)
I btn.: 143e demi-brigade - 144e demi-brigade
II btn.: 1e bataillon 4° Regt. (Provence) - 2e bataillon (Deposito) 4° Regt. - 3e bataillon de Loire-et-Cher - 3e bataillon d'Ille-et-Vilaine

53e demi-brigade (Febbraio, 24, 1796)
I btn.: 2e bataillon, 176e demi-brigade - 202e demi-brigade
II btn.: 19e BIS demi-brigade Légère

54e demi-brigade (Giugno, 1, 1796)
La vecchia 43e demi-brigade

55e demi-brigade (Agosto, 14, 1796)
I btn.: 1e bataillon, 19° Regt. (Flandre) - 1e bataillon, 58° Regt. (Rouergue) - 2e bataillon de la Haute-Vienne
II btn.: 6e bataillon de Seine-et-Oise - 1e bataillon de la Moselle - 2e bataillon des Réserves
nel IX anno (Sett.1800-Sett.1801) la 55e demi-brigade incorpora la Legion des Francs du Nord
Nel XII° anno (Sett.1803-Sett.1804) la 55e demi-brigade incorpora 1e bataillon 110e demi-brigade

56e demi-brigade (Marzo, 11, 1796)
I btn.: 75e demi-brigade
II btn.: 208e demi-brigade

57e demi-brigade (Giugno, 19, 1796)
I btn.: 83e demi-brigade - 122e demi-brigade - 3e bataillon, 209e demi-brigade
II btn.: 3e bataillon, 2e demi-brigade provisoire - 1e e 3e bataillon, 3e demi-brigade provisoire - 10e bataillon de l'Isere - 1e bataillon de Loire-et-Cher

58e demi-brigade (Settembre, 22, 1796)
I btn.: 67e demi-brigade - 197e demi-brigade
II btn.: 2e bataillon, 92° Regt. (Walsh) - 2e bataillon, 111e Regiment - 4e bataillon de la Gironde - Bataillon provisoire des Côtes-de-Brest

59e demi-brigade (dicembre, 30, 1798)

Sub-divisioni delle 20e e 28e formazioni (Régt.)
Conscript du Departement du Calvados - Conscript du Departement de la Seine-Inferieure - Conscript du Departement de la Belgique

60e demi-brigade (Marzo, 21, 1796)

I btn.: Demi-brigade des Côtes-du-Nord
II btn.: 4e bataillon des Réserves - 4e bataillon du Pas-de-Calais (solo in parte)
Nel XII° anno (Sett.1803-Sett.1804) la 60e demi-brigade prendeva il nome di 97e demi-brigade

61e demi-brigade (Febbraio, 24, 1796)

I btn.: 24e demi-brigade
II btn.: 138e demi-brigade

62e demi-brigade (Febbraio, 19, 1796)

I btn.: 3e bataillon, 4e demi-brigade
II btn.: 95e demi-brigade - 140e demi-brigade
III btn.: 4e bataillon de Maine-et-Loire (solo in parte) - bataillon des Vosges-et-Meurthe (solo in parte)
Nel XII° anno (Sett.1803-Sett.1804) la 62e demi-brigade prendeva il nome di 99e demi-brigade

63e demi-brigade (Gennaio, 19, 1796)

I btn.: 14e demi-brigade - 22e demi-brigade - 51e demi-brigade
II btn.: Demi-brigade des Deux Sèvres - 10e demi-brigade provisoire
Nel XI anno (Sett.1802-Sett.1803) la 63e demi-brigade incorpora 1e bataillon 66e demi-brigade

64e demi-brigade (Novembre, 14, 1796)

I btn.: 8e bataillon de la formation d'Orleans - 1e bataillon de la Loire-Inferieure - 2e bataillon de la Loire-Inferieure - 4e bataillon de la Loire-Inferieure - 8e bataillon de la Seine-Inferieure - 6e bataillon de la Charente-Inferieure - 14e bataillon de la Charente - 4e bataillon des Ardennes
II btn.: 4e bataillon de l'Orne - 1e bataillon des Réserves - 2e bataillon de la Réunion or 9e de Paris (2nd formation) - 1e bataillon des Amis de la République (Paris) - 2e bataillon de la République (Paris) - 15e bataillon de la formation d'Orleans

65e demi-brigade (Gennaio, 13, 1799)

Sub-divisioni delle nuove 4e e 16e demi-brigades.
Conscripts du departement du Calvados
Conscripts du departement de la Lys

66e demi-brigade (Aprile, 11, 1796)

I btn.: Demi-brigade du Finistère
1e bataillon nel XI anno (Sett.1802-Sett.1803) incorporava la 63e demi-brigade. Il resto della formazione fu inviata in missione in Guadeloupe.
Nel XII° anno (Sett.1803-Sett.1804) diventa un bataillon Depot.

67e demi-brigade (Maggio, 5, 1796)

I btn.: 23e demi-brigade - 2e bataillon, 175e demi-brigade
II btn.: 1e bataillon, demi-brigade de l'Yonne

68e demi-brigade (Febbraio, 20, 1796)

I btn.: 65e demi-brigade - 182e demi-brigade
II btn.: 1e e 2e bataillon, demi-brigade des Landes - 25e bataillon des Réserves - 6e bataillon de la Somme - 10e bataillon de la Meurthe - 3e bataillon de Maine-et-Loire - 5e bataillon de Maine-et-Loire (solo in parte). Nel XII° anno (Sett.1803-Sett.1804) diventò la 56e demi-brigade

▲ *Tamburino di fanteria 1796. Tavola di Job*

69e demi-brigade (Aprile, 10, 1796)

I btn.: 19e demi-brigade - 102e demi-brigade
II btn.: 166e demi-brigade - 2e bataillon, 170e demi-brigade

70e demi-brigade (dicembre, 5, 1796)

I btn.: 50e demi-brigade - 134e demi-brigade - 157e demi-brigade - 1e bataillon, 72e demi-brigade (Vexin) - 1e bataillon, 73e demi-brigade (Royal-Comtois)
II btn.: (deposito) 2e bataillon 73e Regiment - 1e bataillon, 74e Regiment - 4e bataillon de l'Hérault - 5e bataillon de la Dordogne
4e bataillon du Calvados - 5e bataillon de Lot-et-Garonne - 3e bataillon de la Charente - Deposito 12e bataillon de la République (Paris)

71e demi-brigade (Gennaio, 20, 1799)

Parti della nuova 40e demi-brigade - Dep. centrale dei Coscritti ad Amiens - Conscripts di diversi Dip.
Nel XII° anno (Sett.1803-Sett.1804) divenne la 35e demi-brigade

72e demi-brigade (Giugno, 1, 1796)

I btn.: 199e demi-brigade o des Lombards
Distaccata dalla 51e demi-brigade.

73e demi-brigade (Febbraio, 20, 1796)

I btn.: 97e demi-brigade - 2e bataillon, 161e demi-brigade
II btn.: 1e bataillon de la Sarthe - 1e bataillon de la Mayenne
Nel XII° anno (Sett.1803-Sett.1804) trasformata in 23e demi-brigade

74e demi-brigade (Febbraio, 21, 1796)

I btn.: 73e demi-brigade (la vecchia di prima formazione)
II btn.: 185e demi-brigade
Nel XII° anno (Sett.1803-Sett.1804) 1e bataillon incorporava la 26e demi-brigade. Il resto dell'unità fu avviata alle colonie.

75e demi-brigade (Marzo, 10, 1796)

I btn.: 70e demi-brigade - 117e demi-brigade
II btn.: 152e demi-brigade - 1e comp. granatieri, 26e demi-brigade

76e demi-brigade (Agosto, 13, 1796)

I btn.: 61e demi-brigade - 76e demi-brigade
II btn.: 2e bataillon, 31° Regt. (Aunis) - 5e bataillon des Fédérés

77e demi-brigade (Gennaio, 14, 1799)

Parte della 31e divisione Gendarmes - Parte della nuova 52e demi-brigade - Parte della 13e demi-brigade Legere
Nel XII° anno (Sett.1803-Sett.1804) trasformata in 79e demi-brigade

78e demi-brigade (Febbraio, 23, 1796)

I btn.: 87e demi-brigade
II btn.: 1e e 2e bataillon, 181e demi-brigade
Nel XII° anno (Sett.1803-Sett.1804) trasformata in 2e demi-brigade

79e demi-brigade (Gennaio, 25, 1796)

I btn.: 79e demi-brigade - 89e demi-brigade
II btn.: 198e demi-brigade o demi-brigade du Pas de Calais - 7e bataillon de la Charente-Inferieure
Nel XII° anno (Sett.1803-Sett.1804) la 79e demi-brigade prendeva il nome di 77e demi-brigade

80e demi-brigade (Novembre, 1, 1797)

I btn.: 13e demi-brigade - 2e e 3e bataillons, demi-brigade du Jura et d'Herault
II btn.: 3e bataillon de la 3e demi-brigade provisoire con i btns. - 3e de Vaucluse (solo in parte) – 5e du Gard – 6e de l'Ardèche
1er btn des Gravilliers (Parigi) - Parte (distaccamento) della nuova 19e demi-brigade
Nel XII° anno (Sett.1803-Sett.1804) trasformata in 34e demi-brigade

81e demi-brigade (Novembre, 21, 1796)

I btn.: 12e demi-brigade
II btn.: 1er btn 82e Régt. (Bassigny) - 37e Régt. (Marechal de Turenne) 1er btn deposito e 2e btn - 1er btn de la Seine-Inférieure

82e demi-brigade (Febbraio, 12, 1799)

Parte del 58° Regt., 28e demi-brigade Légère e 31e divisione Gendarmes - Coscritti di svariati dipartimenti

83e demi-brigade (Maggio, 25, 1796)

I btn.: 80e demi-brigade
II btn.: 2e bataillon, 149e demi-brigade
Nel XII° anno (Sett.1803-Sett.1804) trasformata in 3e demi-brigade

84e demi-brigade (Febbraio, 20, 1796)

I btn.: 36e demi-brigade - 116e demi-brigade
II btn.: 6e btn de la formation d'Orleans - 5e bataillon de Maine-et-Loire (solo in parte)
Nel XI anno (Sett.1802-Sett.1803) la 84e demi-brigade incorpora 1e bataillon 89e demi-brigade

85e demi-brigade (Giugno, 19, 1796)

I btn.: 56e demi-brigade - 104e demi-brigade - 113e demi-brigade
II btn.: 1e e 2e bataillon, 209e demi-brigade - 1e bataillon de Maine-et-Loire - 8e bat.de Saône-et-Loire

86e demi-brigade (Novembre, 26, 1796)

I btn.: 1e e 3e bataillon, 141e demi-brigade - 142e demi-brigade - 1e bataillon, 41° Regt. (la Reine) - 1e bataillon de Seine-et-Oise
II btn.: 8e bataillon de Seine-et-Oise - 13e bataillon de Seine-et-Oise - 14e bataillon de Seine-et-Oise - 2e bataillon de Saint-Pol (Pas-de-Calais) - 12e bataillon de la formation d'Orleans
Nel XI anno (Sett.1802-Sett.1803) 1e e 2e bataillons inviati a Santo Domingo, il 3e bataillon fu inserito nella 12e demi-brigade

87e demi-brigade (Gennaio, 27, 1799)

Parte delle nuove 22e, 29e, 51e, 75e e 94e demi-brigades - Compagnia Carabiniers volontaires du Premier Consul - Coscritti
Nel XII° anno (Sett.1803-Sett.1804) trasformata in 5e demi-brigade

88e demi-brigade (Febbraio, 20, 1796)

I btn.: 112e demi-brigade
II btn.: 3e bataillon, 173e demi-brigade

89e demi-brigade (Aprile, 20, 1796)

I btn.: 1e bataillon, 4e demi-brigade - 54e demi-brigade
II btn.: 3e bataillon de la Mayenne - bataillon de Barbezieux (Charente) - 3e bataillon des Vosges-et-Meurthe (solo in parte)
bataillon des Amis de l'honneur francaise (solo in parte) - 4e bataillonde Maine-et-Loire (solo in parte)
Nel XI anno (Sett.1802-Sett.1803) 1e bat. fu inserito nella 84e demi-brigade, mentre il resto fu avviato alle colonie.

90e demi-brigade (Gennaio 1799)

Parti delle nuove 89e e 99e demi-brigades
Nel XII° anno (Sett.1803-Sett.1804) trasformata in 93e demi-brigade

91e demi-brigade (Gennaio, 30, 1799)

Parti delle nuove 10e e 43e demi-brigades - Coscritti
Nel XII° anno (Sett.1803-Sett.1804) trasformata in 20e demi-brigade

92e demi-brigade (Maggio, 16, 1796)

I btn.: 71e demi-brigade - 3e bataillon, 177e demi-brigade
II btn.: 3e bataillon, 181e demi-brigade

93e demi-brigade (Febbraio, 17, 1796)

I btn.: 41e demi-brigade
II btn.: 207e demi-brigade
Nel XII° anno (Sett.1803-Sett.1804) la 93e demi-brigade prendeva il nome di 90e demi-brigade

94e demi-brigade (Settembre, 16, 1796)

I btn.: 171e demi-brigade - 2e bataillon, 62° Regt. (Salm-Salm) –
II btn.: 2e bataillon des Vosges - 4e bataillon du Haut-Rhin - 5e bataillon du Bas-Rhin - 7e bataillon du Jura

95e demi-brigade (Gennaio 1799)

Parti delle nuove 22e, 29e, 51e, 94e demi-brigades - Coscritti

96e demi-brigade (Febbraio, 23, 1796)

I btn.: 66e demi-brigade
II btn.: 1er bataillon de l'Eure

97e demi-brigade (Febbraio, 23, 1796)

I btn.: 47e demi-brigade - 1e bataillon, 204e demi-brigade
II btn.: 209e BIS demi-brigade
Nel XII° anno (Sett.1803-Sett.1804) trasformata in 60e demi-brigade

98e demi-brigade (Gennaio, 20, 1799)

Parti delle nuove 27e e 70e demi-brigades - Coscritti
Nel XII° anno (Sett.1803-Sett.1804) trasformata in 92e demi-brigade

99e demi-brigade (Marzo, 1, 1796)

I btn.: 123e demi-brigade
II btn.: 172e demi-brigade
Nel XII° anno (Sett.1803-Sett.1804) trasformata in 62e demi-brigade

100e demi-brigade (Febbraio, 16, 1796)

I btn.: 6e demi-brigade
II btn.: 203e demi-brigade (1er btn des Fédérés, 7e de la Drôme, 1er btn Maine et Loire).

101e demi-brigade (Gennaio, 15, 1799)

I btn.: Parti delle nuove 38e e 80e demi-brigade e 20e demi-brigade Légère
II btn.: Coscritti du Doubs
III btn.: Coscritti de la Vienne

102e demi-brigade (Marzo, 1, 1796)

I btn.: 59e demi-brigade
II btn.: 1e e 2e bataillon, 177e demi-brigade

▲ *Commissario rappresentante del popolo in missione all'armata 1794*

103e demi-brigade (Febbraio, 20, 1796)
I btn.: 86e demi-brigade
II btn.: 162e demi-brigade

104e demi-brigade (Febbraio, 1, 1799)
Parti della nuova 74e demi-brigade
Coscritti de la Vendee
Compagnie volontari (Compagnies franches) de la Vendee
Nel XII° anno (Sett.1803-Sett.1804) trasformata in 11e demi-brigade

105e demi-brigade (Maggio, 5, 1796)
I btn.: 9e demi-brigade
II btn.: 1er btn 149e demi-brigade
Nel XI anno (Sett.1802-Sett.1803) la 105e demi-brigade incorpora 2e bataillon 31e demi-brigade

106e demi-brigade (dicembre, 21, 1796)
I btn.: 35e demi-brigade
II btn.: 201e demi-brigade
12e bataillon de la Gironde
Nel XI anno (Sett.1802-Sett.1803) la 106e demi-brigade incorpora 2e bataillon 82e demi-brigade

107e demi-brigade (dicembre, 21, 1798)
Parti delle nuove 26e e 105e demi-brigades
Coscritti
Nel XII° anno (Sett.1803-Sett.1804) trasformata in 15e demi-brigade

108e demi-brigade (Maggio, 4, 1796)
I btn.: 26e demi-brigade
II btn.: 132e demi-brigade

109e demi-brigade (Marzo, 6, 1796)
I btn.: 74e demi-brigade
II btn.: 205e demi-brigade
Nel XII° anno (Sett.1803-Sett.1804) trasformata in 21e demi-brigade

110e demi-brigade (Gennaio, 9, 1799)
Parti delle nuove 34e e 50e demi-brigades
Coscritti
Nel XII° anno (Sett.1803-Sett.1804) 1e bataillon fu inserito nella 55e demi-brigade
mentre il resto fu inviato a Santo Domingo, dove fu usata per comporre l'86e demi-brigade

111e demi-brigade (Aprile, 6, 1803)
Vecchie truppe Piemontesi
1e bataillon 112e demi-brigade

112e demi-brigade
Vecchie truppe Piemontesi
Nell'anno 1803 fu sciolta: 1e bataillon fu inserito nella 111e demi-brigade, 2e bataillon fu inserito nella 31e Légère demi-brigade

112e demi-brigade (nuova) (Settembre 1803)
Volontaires du Belgique

LA FANTERIA LEGGERA

1e demi-brigade légère (Febbraio, 28, 1796)
La vecchia 14e demi-brigade légère

2e demi-brigade légère (Maggio, 5, 1796)
I btn.: Vecchia 21e demi-brigade légère
II btn.: Compagnia volontari (Compagnie franche) de Seine-et-Marne
Compagnia di chasseurs (Compagnie d'eclaireurs) nuova 23e demi-brigade légère

3e demi-brigade légère (Marzo, 5, 1796)
I btn.: Vecchia 7e demi-brigade légère
II btn.: Vecchia 15e demi-brigade légère
1e bataillon Chasseurs reunis
Nel XII anno della Repubblica (sett.1802-sett.1803) dalla 3e demi-brigade originava la 19e demi-brigade légère

4e demi-brigade légère (Aprile, 7, 1796)
I btn.: Vecchia 8e demi-brigade légère
II btn.: 1e battaglione, 52e demi-brigade - 1e bataillon de la Charente - 5e bataillon de l'Isere - 1er Bataillon de Nyons (Drome)

5e demi-brigade légère (Febbraio, 20, 1796)
I btn.: 1e battaglione, 6e demi-brigade légère - 22e demi-brigade légère
II btn.: 1e e 3e battaglioni, 55e demi-brigade - Vecchia 201e demi-brigade - 2e battaglione, 3e provisoire demi-brigade
Demi-brigade inviata a Santo Domingo, il bataillon deposito rientrava in Francia.

6e demi-brigade légère (dicembre, 21, 1796)
I btn.: Vecchia 19e demi-brigade légère - 2e bataillon Chasseurs reunis - Bataillon Chasseurs de Paris - Bataillon Chasseurs de Saone-et-Loire - Bataillon Chasseurs de la Charente - 9e Bataillon de Paris (de Saint-Laurent) - 6e bataillon de Paris pour la Vendée
II btn.: 11e bataillon de la Republique (Paris) - 2e bataillon du Morbihan - 5e bataillon de la formation d'Orleans - Compagnia Chasseurs d'Evreux (Eure) - Compagnia volontari (Compagnies franches) Grenadiers de Cotes-du-Nord

7e demi-brigade légère (Ottobre, 19, 1797)
I btn.: Vecchia 20e demi-brigade légère - Vecchia 29e demi-brigade légère - Demi-brigade des Aurois
II btn.: 1e battaglione, demi-brigade du Jura et de l'Herault - Demi-brigade de la Sarthe - 2e bataillon de Paris (du Patheon) Bataillon de Jemmapes - 1e bataillon de Saint-Amand (Nord)
Nel XII anno della Repubblica (sett.1803-sett.1804) alla 7e demi-brigade fu aggregata la 20e demibrigade légère

8e demi-brigade légère (Marzo, 14, 1796)
I btn.: Vecchia 30e demi-brigade légère
II btn.: 8e bataillon des Réserves - 11e bataillon de l'Egalité (Seine-Inférieure) - 1e bataillon de Tirailleurs

9e demi-brigade légère (Aprile, 14, 1796)
Vecchia 9e demi-brigade légère

10e demi-brigade légère (Febbraio, 20, 1796)
I btn.: Vecchia 11e demi-brigade légère - Vecchia 20e BIS demi-brigade légère - Vecchia 154e demi-brigade
II btn.: 3e battaglione, demi-brigade des Landes - 5e bataillon Chasseurs 3 pied - 1er bataillon de l'Aude

▲ *Carabinieri di Fanteria leggera francese 1794-1800. Tavola di Knotel*

Fanteria leggera francese 1791-1812. Tavola di Lienhart e Humbert

11e demi-brigade légère (Novembre 1796) assente dagli OdB dal 1803

La vecchia 11e Demi brigade di 2a formazione fu costituita a frimaire An V con la 3e demi brigade légère di 1a formazione, il bataillon de chasseurs des Hautes Alpes e il 4e bataillon du Rhône ma fu cancellata dall'OdB per insubordinazione nell'An VI.

Una nuova 11e Demi brigade di 3a formazione fu organizzata il 13 ventose An VII con distaccamenti delle DB 9e e 24e légères, le compagnie di chasseurs del 1er bataillon auxiliaire du Haut Rhin e del bataillon di Jemmapes con compagnie dei btns. ausiliario du Haut Rhin e 2e du Bas Rhin oltre a coscritti di vari dipartimenti. Questa 11e légère fu mandata a Santo Domingo. Quello che ne rimase fu riunito ai resti della 5e Légère nell' Anno XII. Il numero rimase vacante sino al 1811

I btn.: Vecchia 3e demi-brigade légère (3e de Chasseurs, 2e de Chasseurs Révolutionnaires, 1er des Chasseurs des Alpes)

II btn.: 1er Bataillon Chasseurs des Hautes-Alpes - 4e bataillon du Rhone

La brigata fu quasi totalmente catturata dagli austriaci nella primavera 1796, si salvarono soltanto gli Ufficiali e la divisione granatieri. Nel VI anno della Repubblica (sett.1797-sett.1798) la demi-brigade fu sciolta a causa del pessimo comportamento in campagna e ad un reato di rivolta. Le sue unità furono ridistribuite nelle 5e, 12e e 33e demi-brigades.

11e demi-brigade légère (Nuova) 3 marzo 1799

Parti dalle 9e e 24e demi-brigades légère

I btn.: Compagnie Chasseurs 1º battaglione supplementare (auxiliaire) du Bas-Rhin e bat. de Jemmapes

II btn.: Compagnie del 1º e 2º battaglione du Haut-Rhin e 2º battaglione du Bas Rhin

III btn.: Coscritti

Inviata alle colonie d'oltremare. In parte divenne la 5e demi-brigade légère

12e demi-brigade légère (Gennaio, 28, 1796)

I btn.: Vecchia 2e demi-brigade légère

II btn.: 1e battaglione, 2e provisoire demi-brigade

13e demi-brigade légère (dicembre, 21, 1796)

I btn.: Demi-brigade de Paris et Vosges - 22e bataillon Chasseurs (legion germanique) - 23e bataillon Chasseurs o compagnia franca di Bardon - 5e bataillon de l'Unité de Paris

II btn.: 1e e 2e battaglione, 84e rgt. - 2e bataillon de tirailleurs - 17e bataillon Chasseurs "la Haute-Garonne" - 2e e 3e battaglione des Fédérés - 3e e 11e battaglione de la formation d'Orleans - 6e bataillon de la Cote-d'Or

14e demi-brigade légère (Giugno 1796)

I btn.: 1ere Legion des Francs (composta di plotoni di 20 uomini estratti a sorte tra i corpi de l'armée de l'Ouest).

II btn.: 6 compagnie granatieri delle vecchie 108e e 139e demi-brigades

Nel X anno della Repubblica (sett.1801-sett.1802) alla 14e demi-brigade fu aggregato il 2e battaglione 5e demi-brigade légère

15e demi-brigade légère (Aprile, 9, 1796)

I btn.: Demi-brigade de tirailleurs

II btn.: 3e bataillon de Tirailleurs - 1e (auxiliaire) bataillon supplementaire du Mont-Blanc (aggregato nel XII anno della Repubblica)

16e demi-brigade légère (Febbraio, 20, 1796)

I btn.: Vecchia 12e demi-brigade légère - Vecchia 23e demi-brigade légère

II btn.: 3e battaglione, 204e demi-brigade
Nel XII anno della Repubblica (sett.1803-sett.1804) dalla 16e demi-brigade fu aggregata la 29e demi-brigade légère

17e demi-brigade légère (Aprile, 10, 1796)
I btn.: Vecchia 1e demi-brigade légère
II btn.: Vecchia 32e demi-brigade légère
Compagnie volontari (Compagnies francs) de chasseurs corses

18e demi-brigade légère
I btn.: 3e battaglione, 180e demi-brigade - 200e BIS demi-brigade
II btn.: 12e bataillon provisoire - Compagnie volontari (Compagnies francs) de chasseurs corses

19e demi-brigade légère (Marzo, 15, 1799)
Parti dalle nuove 3e e 6e demi-brigades e 31e division de Gendarmes
2e battaglione, 141e demi-brigade

20e demi-brigade légère (Maggio, 3, 1796)
I btn.: Vecchia 10e demi-brigade légère
Nel XII anno della Repubblica (sett.1803-sett.1804) divenne la 7e demi-brigade légère

21e demi-brigade légère (Febbraio, 20, 1796)
I btn.: Vecchia 4e demi-brigade légère - Vecchia 14e BIS demi-brigade légère
II btn.: Vecchia 21e demi-brigade légère

22e demi-brigade légère (Luglio, 8, 1796)
I btn.: Vecchia 16e demi-brigade légère - 3e battaglione, 52e demi-brigade
II btn.: 2e battaglione, 2e provisoire demi-brigade - 5e bataillon des Basses-Alpes - 11e bataillon de l'Ain

23e demi-brigade légère (Marzo, 21, 1796)
I btn.: Vecchia 18e BIS demi-brigade légère - 1e battaglione, 7e provisoire demi-brigade - 2e bataillon de Saint-Denis (Paris) - 2e bataillon de Seine-et-Oise - 4e bataillon de l'Hérault
II btn.: 3e battaglione, demi-brigade de Lot-et-Landes - 3 compagnie granatieri della demi-brigade de la Sarthe –

24e demi-brigade légère (Ottobre, 5, 1796)
I btn.: Vecchia 5e demi-brigade légère - Demi-brigade de chasseurs des Montagnes - 169e demi-brigade (parzialmente)
II btn.: 1er e 2e btns Chasseurs francs du Nord - Chasseurs francs de Cassel - Chasseurs du Mont-des-Chats (Nord) - Legion des Francs formata a Mayence - Legion Nantaise - 3e bataillon des Ardennes

25e demi-brigade légère (Aprile, 8, 1796)
Vecchia 13e demi-brigade légère
Nel XII anno della Repubblica (sett.1803-sett.1804) alla 25e demi-brigade fu aggregata la 30e demi-brigade légère

26e demi-brigade légère (июнь, 16, 1796)
I btn.: Vecchia 16e BIS demi-brigade légère
II btn.: Vecchia 17e BIS demi-brigade légère - 1e (auxiliaire) bataillon supplémentaire des Basses-Pyrénées (aggregato nel 1799)

27e demi-brigade légère (Maggio 1796)

I btn.: Vecchia 4e BIS des Allobroges - Vecchia 15e demi-brigade légère - 2e battaglione, 52e demi-brigade

II btn.: 11e provisoire demi-brigade - 1e bataillon de tirailleurs des Alpes - Compagnia granatieri 1° battaglione des Gravilliers (Paris)

28e demi-brigade légère (Maggio, 12, 1796)

I btn.: Demi-brigade de l'Ardeche - Demi-brigade de Gers-et-Gironde - Demi-brigade de Gers-et-Bayonne - Demi-brigade de Gironde-et-Lot-et-Garonne

II btn.: 4e bataillon de la Dordogne - 5e bataillon de la Charente-Inferieure - 31e bataillon des Réserves - 1e bataillon de Paris pour le Vendée - 1e e 2e battaglioni di fanteria leggera dell'armée de l'Ouest - 12e bataillon de la Haute-Saone - 4e bataillon de Maine-et-Loire - 14e bataillon de la formation d'Orleans - 2e bataillon de Saint-Amand (Nord) - 1er Bataillon de Chinon (Indre-et-Loire)

29e demi-brigade légère (dicembre, 2, 1796)

I btn.: 2e e 3e battaglioni, 6e demi-brigade légère - Vecchia 18e demi-brigade légère

II btn.: Demi-brigade de la Haute-Saone - Bataillon d'Apt (3e de Vaucluse)

Nel XII anno della Repubblica (sett.1803-sett.1804) divenne la 16e demi-brigade légère

30e demi-brigade légère (Gennaio, 4, 1796)

I btn.: Demi-brigade de la Dordogne - 3e bataillon de la Nievre - 8e bataillon de la Somme - 3e bataillon des Vosges -2e bataillon de la Haute-Saone - 3e bataillon de Lot-et-Garonne

II btn.: 10e bataillon du Var - 8e bataillon de la Sarthe - 3e bataillon de la Charente-Inferieure - 1e bataillon du Nord (fu inserito come 5e bataillon des Ardennes) - 6e bataillon du Nord o 1er btn de Cambrai - 2e bataillon de la Legion des Ardennes

Nel 1802 il 3e bataillon fu inviato a Santo Domingo, dove ebbe parte nella formazione della nuova 11e demi-brigade légère

Nel XII anno della Repubblica (sett.1803-sett.1804) divenne la 25e demi-brigade légère

Bataillon de chasseurs Basques

Formata da tre battaglioni della demibrigade Basque e dal 4e btn des chasseurs Basques

31e demi-brigade légère (Aprile, 6, 1803)

Unità della vecchia armata Piemontese

2e bataillon 112e demi-brigade.

LA DEMI-BRIGADE 1799

Una Leva di 200.000 coscritti fu ordinata da una legge del 3 Vendémiaire anno VII (24 settembre 1798). Gli uomini di questa Leva furono diretti verso le armate vicine ai dipartimenti nei quali erano stati reclutati. Allo stesso tempo, furono prese forti misure repressive contro la diserzione.

Nel 1798 Jourdan propose un sistema di reclutamento che andasse oltre il decreto del 1793 e che venne approvato dal **Consiglio dei 500** nel settembre. In tempo di pace il reclutamento sarebbe avvenuto utilizzando prima di tutto i volontari: se questi non fossero stati sufficienti si sarebbe ricorso alla coscrizione. Il servizio durava 4 anni in tempo di pace, per tutta la durata della guerra in caso di conflitto. Al di là, però, di questa riorganizzazione dei termini di leva, la qualità dell'esercito non migliorava. Gli ufficiali mantenevano gli stessi vizi, gli stessi costumi e la stessa cupidigia degli ufficiali dell'esercito regio; solo, questi ultimi curavano maggiormente il proprio aspetto. Il fatto che dovessero trovare continuamente soldi, cibo, vestiti e trasporti per le loro truppe attraverso le requisizioni li metteva continuamente a contatto con la tentazione di appropriarsi di parte del "bottino", senza contare che il loro miserrimo stato in un certo senso legalizzava queste azioni. La loro paga, infatti, consisteva in 500 franchi di assegnati cartacei, una moneta che nel corso del biennio 1795-96 si deprezzò del 99%.

Un Decreto del 5 pluvioso anno VI (24 gennaio 1798) **soppresse le compagnie cannonieri** aggregate

▲ *Fanteria leggera francese, carabinieri nel 1796. Tavola di Philippoteaux*

alle demi-brigades. Questa organizzazione si mantenne (tranne per qualche dettaglio) fino al Decreto consolare del 1° Vendemmiaio anno XII (24 sett 1803) che rimescolava le demi-brigades e ripristinava la denominazione di reggimento. La legge del 23 Fruttidoro anno VII (9 settembre 1799) – ovvero la "**Legge sul personale di guerra**", testo sul Journal Militaire An VII/2 alla pagina 741, (purtroppo manca la seconda parte dell'anno che non è in Gallica). Parte della legge è citata da Bernard Coppens su http://www.1789-1815.com/inf_bat.htm e da Alain Pigeard in Hors Série de Tradition n. 19 a pagina 14. È particolarmente interessato alla composizione della mezza brigata di fanteria. Secondo questa legge, è interessante chiedersi se il battaglione da guerra aveva 7 o 9 compagnie.

La Demi-brigade possedeva davvero 4 battaglioni di cui 1 di guarnigione, con solo 6 compagnie e una forza totale di 3231 uomini? Se contiamo le cifre fornite da Bernard Coppens otteniamo 3233 (A. Pigeard dà solo 3 adjudants-majors et 3 adjudants sous-officiers con un totale di 3231, ma 3 battaglioni di 9 compagnie ciascuno). E allora?

FANTERIA DI LINEA NEL 1799

La legge del 23 fruttidoro anno VII (9 settembre 1799), relativa al personale di guerra, fissava il numero delle demi-brigades di fanteria da battaglia a 100. Ciascuna demi-brigade aveva 3.231 uomini, ed era **formata su 4 battaglioni, dei quali uno era di Guarnigione**. **Ogni battaglione da guerra aveva 7 compagnie, ovvero 6 più una di Granatieri**; il battaglione del deposito (guarnigione) aveva solo 6 compagnie. Ma, secondo il generale Bardin, questa organizzazione era solo teorica. Il colpo di Stato del Brumaio dell'anno VIII fece sì che questa riforma, emessa sotto il regime del Direttorio, non entrasse mai in vigore, sotto il nuovo reggente francese.

Compagnia Granatieri				
Capitano	Tenente	Sottotenente	Sergente Maggiore	4 Sergenti
Furiere	8 Caporali	64 Granatieri	2 Tamburi	
Compagnia Fucilieri				
Capitano	Tenente	Sottotenente	Sergente Maggiore	4 Sergenti
Furiere	8 Caporali	104 Fucilieri	2 Tamburi	
Battaglione in tempo di Guerra				
Chef-de-Bataillon	Adjudant-Major	Adjudant sous-officier	824 uomini	
Demi – Brigade État-major				
Chef-de-Brigade	4 Chef-de-Bataillon	4 Adjudant-Major	4 Adjudant sous-officier	
1 Quartiermastro	1 vague-mestre	3 Ufficiali di Sanità	1 Tamburo maggiore	1 Caporale tamburo
8 Musicanti con Chef				
4 Mastri d'Opera	1 Mastro Sarto	1 Mastro calzolaio	1 Mastro ghettiere	1 Mastro armaiolo

Il totale della fanteria da battaglia doveva, quindi, essere di 323.100 uomini.

Composizione di una demi brigade nel 1799

Secondo *l'Etat militaire de l'an VIII* (emesso alla fine del 1799), la fanteria di Linea era composta da 110 demi-brigades; ogni **demi-brigade aveva tre battaglioni. Ogni battaglione aveva 9 compagnie, otto più una di Granatieri** ; in tutto ogni battaglione aveva 1067 uomini, ufficiali inclusi. Secondo volume circa

Demi – Brigade État-major			
Chef-de-Brigade	3 Chef-de-Bataillon	3 Adjudant-Major	3 Adjudant sous-officier
2 Quartiermastri	1 Chirurgo maggiore	2 aiuti-chirurgo	1 Tamburo maggiore	1 Caporale tamburo
8 Musicanti con Chef			
4 Mastri d'Opera	1 Mastro Sarto	1 Mastro calzolaio	1 Mastro ghettiere	1 Mastro armaiolo
Compagnia Granatieri			
Capitano	Tenente	Sottotenente	Sergente Maggiore	4 Sergenti
Furiere	8 Caporali	71 Granatieri	2 Tamburi	Totale = 90
Compagnia Fucilieri			
Capitano	Tenente	Sottotenente	Sergente Maggiore	4 Sergenti
Furiere	8 Caporali	101 Fucilieri	2 Tamburi	Totale = 120

LA CRISI ALLE FRONTIERE

Le compagnie franche, formate nel 1794 presso i dipartimenti della Sarthe, Orne, Mayenne, Ille-et-Vilaine, Morbihan, Loire Inferieure e Maine-et-Loire (12ª 13ª e 22ª divisioni militaires) diedero vita a Legioni francesi che presero il nome dai dipertimenti dove si erano costituite. Furono inviate in Vandea contro le armate realiste.

Ciascuna Legione ebbe un battaglione di fanteria leggera composto da una compagnia Carabinieri, una compagnia Zappatori e sei compagni fucilieri, forti di 150 uomini, insieme ad una compagnia di chasseurs à cheval di 124 uomini.[1] Lo Stato maggiore delle Legioni aveva 11 ufficiali e sottufficiali con al comando uno Chef-de-bataillon. Le armate francesi, battute in Italia ed obbligate a ritirarsi in Patria, furono precedute da ingenti numeri di patrioti italiani, costretti all'espatrio per la paura di rappresaglie politiche austriache. Il Direttorio, dal momento che aveva bisogno di forze fresche per respingere i nemici vittoriosi, non ebbe dubbi sulla necessità di formare un nuovo corpo con quella massa di rifugiati.

Per questo motivo, una legge del 22 Fruttidoro (8 settembre) creò una legione straniera denominata **Legione Italica** che aveva 4 battaglioni, 4 squadroni di chasseurs à cheval e una compagnia d'artiglieria leggera. Ne furono poi create altre due con il nome di **Legione Polacca** e **Legione Franca del Nord**.

Stato maggiore LEGIONE	Generale di brigata, Chef de la Legion		Adjudant-général
	Tesoriere Quartiermastro generale		Chirurgo maggiore
Stato maggiore fanteria	1 Chef de Brigade	4 Chefs-de bataillon	4 Adjudants-major
1 Chirurgo maggiore	4 Portabandiera	1º Adjudant Quartiemastro	4 Adjudants-sousofficier
1 Tamburo maggiore	3 Mastri operai		
Stato maggiore cavalleria	1 Chef de Brigade	2 Chefs-d'escadron	1 Adjudant-major
1 Chirurgo maggiore	4 Portastendardo	2º Adjudant Quartiemastro	1 Adjudant-sousofficier
1 Cornetta maggiore	5 Mastri operai	1 artista veterinario	

Compagnie di fanteria	Granatieri	Chasseurs	
1 Capitano	1 Tenente	1 Sottotenente	1 Sergente Maggiore
4 Sergenti	1 Caporale Furiere	8 Caporali	104 soldati
2 Tamburi		TOTALE = 123	
Compagnie cavalleria	2 compagnie per squadrone	1 Marechal de Logis Chef	4 Marechals de Logis
1 Capitano	1 Tenente	2 Sottotenenti	1 Brigadiere Furiere
8 Brigadieri	2 Cornette	96 Chasseurs à cheval	

▲ *Fanteria leggera francese, (carabinieri) nel 1799/1800*

▲ *Fanteria leggera a sinistra ve di linea a destra, 1799/1800*

La compagnia d'artiglieria leggera, armata da due pezzi da 4 libbre (pdr) e di 2 obici era fissa come le altre compagnie. La formazione di quelle tre Legioni costò al governo rivoluzionario una somma pari a 10.024.430 franchi e 85 cent. Qualche mese dopo la formazione (sotto il governo Consolare) le Legioni furono composte solo dalla fanteria.

Legione Italica (Légion Italique) Giacca verde con colletti, risvolti e paramani gialli, bottoni bianchi e rotondi, pantaloni e gilet verdi, cappello, mezze ghette per la fanteria e bottine per la cavalleria.

Legione Polacca (Légion Polonaise) Giacca blu, colletti, risvolti e paramani rossi, gilet e pantaloni blu, bottoni gialli, czapka, stesse calzature della Legione Italica.[2]

Legione Franca del Nord (Légion Franche du Nord) Giacca verde con gilet, colletti, risvolti e paramani rossi, cappello a tricorno, stesse calzature delle altre due legioni.

Le truppe svizzere, al soldo francese, formarono, il 9 settembre, sei Demi-brigades e mezza di linea, pur avendo la madrepatria sotto attacco russo. Quattro battaglioni di volontari, armati ed equipaggiati come la fanteria leggera, furono creati con il nome di **battaglioni franchi**, il 14 Piovoso dell'anno VIII (3 febbraio 1800), nelle divisioni militari del 12, 13 e 22. Ogni battaglione era composto da uno Stato maggiore e nove compagnie, tra cui una di carabinieri e 8 di cacciatori. Le compagnie avevano 140 uomini, inclusi 4 ufficiali e 120 carabinieri o cacciatori: il resto erano sottufficiali e tamburi, come per gli altri corpi dell'esercito. L'arma dei carabinieri era una carabina a canna rigata.

L'8 di marzo era stata creata un'Armata di Riserva di 60000 uomini, con l'ordine di adunarsi a Digione. Per completarla fu fatto un Richiamo di 30000 coscritti. Tutti i francesi che avevano terminato il loro 20° anno d'età il 17 settembre 1799, e che formavano la prima Classe di coscrizione, furono messi a disposizione del Governo, salvo le esenzioni o i rimpiazzi previsti dalla legge. Sette città furono designate come sedi dei depositi generali di coscritti: Digione, Nancy, Metz, Lille, Fontainebleau, Lione e Nismès.

Un Decreto del 27 agosto ridusse 31 Demi-brigades di fanteria di linea e 10 leggere a soli due battaglioni: Per la fanteria da battaglia: le n. 2, 3, 5, 10, 11, 12, 17, 24, 26, 31, 34, 35, 41, 45, 55, 56, 62, 63, 73, 74, 78, 80, 87, 91, 92, 93, 97, 99, 100, 104, 105. Per la fanteria leggera: le n. 3, 5, 8, 16, 18, 20, 25, 26, 28, 29

Uno **chef de bataillon**[3] ebbe lo speciale incarico dell'amministrazione, della sicurezza interna e della disciplina. Significa che ora c'erano quattro ufficiali di quel grado, nelle Demi-brigades a tre battaglioni, e tre nelle Demi-brigades a due battaglioni. Ogni Corpo ebbe anche un **Vaguemestre**.[4] Nelle Demi-brigades ridotte a due battaglioni, diminuì il numero degli ufficiali di Stato maggiore e, in proporzione, quello dei sottufficiali. La composizione delle compagnie rimase fissa per tutti i corpi.

Compagnia Granatieri	1 Capitano	1 Tenente	1 Sottotenente
1 Sergente Maggiore	4 Sergenti	1 Caporale Furiere	8 Caporali
2 Tamburi			64 granatieri
			TOTALE = 83
Compagnia Fucilieri	1 Capitano	1 Tenente	1 Sottotenente
1 Sergente Maggiore	4 Sergenti	1 Caporale Furiere	8 Caporali
2 Tamburi			104 fucilieri
			TOTALE = 123

Le Demi-brigades a tre battaglioni ebbero questa forza

Stato maggiore	Ufficiali 12	Truppa 17	Totale = 29
I tre battaglioni	Ufficiali 81	Truppa 2376	Totale = 2457
DEMI-BRIGADE	Ufficiali 93	Truppa 2393	Totale = 2486
Battaglione 9 compagnie	Ufficiali 27	Truppa 792	Totale = 819

Furono costituiti due battaglioni di **Ussari appiedati,** il primo a Orleans, il 2° a Caen. Si organizzarono con le dotazioni e l'organica della fanteria leggera ed ebbero un'uniforme da Ussari particolare; portavano la Czapka polacca. Fecero una campagna con l'armata dei Grigioni e furono sciolti a Trento all'inizio del 1801. Il 1° battaglione fu versato nel 45° di linea e il 2° nella 17ª leggera.

Ciascuna Demi-brigade dell'Armata d'Oriente creò **battaglioni supplementari**; in tutto furono 13. Questi battaglioni formarono, qualche mese dopo, 4 Demi-brigades provvisorie.
I battaglioni Franchi, 1°, 2° e 4°, reclutati nelle divisioni territoriali militari 12ª, 13ª e 22ª, furono completati grazie ad un Decreto del 13 novembre; il 1° battaglione di Finistère, la **legion Nantaise** (Nantes), le compagnie franche appiedate e a cavallo del Deux-Sèvres, e le altre compagnie singole, create per effetto della Legge del 27 luglio 1799, furono unite assieme per effetto del Decreto citato e andarono a formare una nuova legione con il nome di **Legione della Loira**. Essa ebbe due battaglioni di fanteria, e due compagnie di Chasseurs à cheval, in pratica ebbe l'organico delle sette precedenti legioni.
Il 20 dicembre, fu creato anche un **Corpo di Éclaireurs** (esploratori simili ai Ranger) che operò nei due dipartimenti del Var e delle bocche del Rodano (bouches du Rhône), per fronteggiare, scovare e catturare i briganti che si rifugiavano tra i boschi e sulle montagne, noti con il nome di **Barbets**.

▲ *Fanteria francese nel 1796. Tavola di E.Detaille*

Note

1   Il termine Legione si riferiva chiaramente alle legioni romane. Erano corpi misti di fanteria e cavalleria, con alcune dotazioni di artiglieria.
2   Già esisteva una *Polska Legia* creata da Henryk Dąbrowski nel 1797, durante le campagne napoleoniche. Un Decreto del 20 febbraio aveva ordinato la unificazione delle due legioni polacche impiegate presso l'Armata d'Italia.
3   Questo darà origine al grado di Maggiore voluto da Napoleone.
4   Un *vaguemestre* era un grado militare incaricato della sorveglianza della marcia dei convogli militari.

▲ *Tamburo maggiore e musicanti della fanteria leggera nel 1800. Tavola di Job*

TITOLI PUBBLICATI - ALREADY PUBLISHING

WWW.SOLDIERSHOP.COM   WWW.BOOKMOON.COM

SOLDIERS&WEAPONS 035

www.ingramcontent.com/pod-product-compliance
Lightning Source LLC
LaVergne TN
LVHW070529070526
838199LV00073B/6730